CB137200

projeto **ápis**

EDUCAÇÃO INFANTIL

LINGUAGENS, MATEMÁTICA, NATUREZA E SOCIEDADE

2

editora ática

LUIZ ROBERTO DANTE

- LIVRE-DOCENTE EM EDUCAÇÃO MATEMÁTICA PELA UNESP – RIO CLARO
- DOUTOR EM PSICOLOGIA DA EDUCAÇÃO: ENSINO DA MATEMÁTICA PELA PUC – SÃO PAULO
- MESTRE EM MATEMÁTICA PELA USP
- LICENCIADO EM MATEMÁTICA PELA UNESP – RIO CLARO
- PESQUISADOR EM ENSINO E APRENDIZAGEM DA MATEMÁTICA PELA UNESP – RIO CLARO
- EX-PROFESSOR DO ENSINO FUNDAMENTAL E DO ENSINO MÉDIO NA REDE PÚBLICA
- AUTOR DE LIVROS PARA A EDUCAÇÃO BÁSICA

NOEMI BIANCHINI

- DOUTORA EM SOCIOLOGIA DA EDUCAÇÃO PELO PROGRAMA EDUCAÇÃO, HISTÓRIA, POLÍTICA E SOCIEDADE DA PUC – SÃO PAULO
- MESTRA EM EDUCAÇÃO ESCOLAR PELA UNESP – ARARAQUARA
- PÓS-GRADUADA EM TEORIA E CRÍTICA LITERÁRIA PELA UNESP – ARARAQUARA
- LICENCIADA EM LETRAS E PEDAGOGIA PELA FFCLA – FACULDADE DE FILOSOFIA, CIÊNCIAS E LETRAS DE ARARAS
- EXPERIÊNCIA COMO SUPERVISORA E COORDENADORA DE CONTEÚDOS PARA CURSOS DE FORMAÇÃO DE PROFESSORES
- EX-PROFESSORA DOS CURSOS DE GRADUAÇÃO E PÓS-GRADUAÇÃO NAS ÁREAS DE CURRÍCULO, LEGISLAÇÃO, GESTÃO E ALFABETIZAÇÃO
- EX-PROFESSORA DO ENSINO FUNDAMENTAL E DO ENSINO MÉDIO NAS REDES PÚBLICA E PRIVADA

editora ática

Direção de inovação e conteúdo: Guilherme Luz
Direção editorial: Luiz Tonolli e Renata Mascarenhas
Gestão de projeto editorial: Tatiany Renó
Gestão e coordenação de área: Ronaldo Rocha
Edição: Ronaldo Rocha, André Luiz Ramos de Oliveira (assist.)
Gerência de produção editorial: Ricardo de Gan Braga
Planejamento e controle de produção: Paula Godo, Roseli Said e Juliana Batista
Revisão: Hélia de Jesus Gonsaga (ger.), Kátia Scaff Marques (coord.), Rosângela Muricy (coord.), Claudia Virgilio, Heloísa Schiavo, Larissa Barboza Vazquez Venturim e Paula T. de Jesus
Edição de arte: André Gomes Vitale (coord.) e Christine Getschko (edição de arte)
Diagramação: Bárbara de Souza Silva, Lourenzo Acunzo e Renato Akira Belarmino dos Santos
Iconografia e licenciamento de texto: Sílvio Kligin (superv.), Denise Durand Kremer (coord.), Claudia Cristina Balista, Jad Silva, Monica de Souza e Fernando Cambetas (pesquisa iconográfica), Liliane Rodrigues e Luciana Sposito dos Santos Pereira (licenciamento de textos)
Tratamento de imagem: Cesar Wolf e Fernanda Crevin
Ilustrações: Maurenilson Freire (capa) e Biry Sarkis (miolo)
Capa: Gláucia Correa Koller
Projeto gráfico de miolo: Christine Getschko

Todos os direitos reservados por Editora Ática S.A.
Avenida das Nações Unidas, 7221, 3º andar, Setor A
Pinheiros – São Paulo – SP – CEP 05425-902
Tel.: 4003-3061
www.atica.com.br / editora@atica.com.br

Dados Internacionais de Catalogação na Publicação (CIP)
(Câmara Brasileira do Livro, SP, Brasil)

Dante, Luiz Roberto
Projeto Ápis : linguagens, matemática, natureza e sociedade : educação infantil : volume 1 ao 3 / Luiz Roberto Dante, Noemi Bianchini. -- 2. ed. -- São Paulo : Ática, 2017. -- (Projeto Ápis educação infantil)

1. Linguagem (Educação infantil) 2. Matemática (Educação infantil) 3. Natureza (Educação infantil) 4. Sociedade (Educação infantil) I. Bianchini, Noemi. II. Título. III. Série.

17-02031 CDD-372.21

Índice para catálogo sistemático:

1. Ensino integrado : Livros-texto : Educação Infantil 372.21

2018
ISBN 978 85 0818 439 2 (AL)
ISBN 978 85 0818 440 8 (PR)
Código da obra CL 740068
CAE 621207 (AL) / 621208 (PR)
2ª edição
2ª impressão

Impressão e acabamento: Corprint

Uma publicação SOMOS EDUCAÇÃO

O PROJETO ÁPIS EDUCAÇÃO INFANTIL
CHEGA ATÉ VOCÊ TRAZENDO MUITO APRENDIZADO!

COM UMA LINGUAGEM SIMPLES E ATRAENTE,
OS CONTEÚDOS ACOMPANHAM A EVOLUÇÃO
DAS CRIANÇAS.

COMPARTILHE, APRENDA E DIVIRTA-SE!

DANTE E NOEMI

CONHEÇA SEU LIVRO

ESTA É A **TURMA DA LIA**, QUE ACOMPANHARÁ VOCÊ DURANTE TODO O ANO.

LIA **BETO** **SOFIA** **BRUNO** **CAUÃ** **ANA** **MANUELA**

MATERIAL DE APOIO SEMPRE QUE VOCÊ ENCONTRAR ESTE ÍCONE SIGNIFICA QUE **HÁ PEÇAS E FIGURAS A SEREM DESTACADAS** NO FINAL DO LIVRO.

SUGESTÃO DE... O BOXE **SUGESTÃO DE...** APRESENTA MATERIAIS EXTRAS QUE COMPLEMENTAM OS TEMAS TRABALHADOS EM SALA DE AULA, AMPLIANDO O APRENDIZADO!

ESTAS SÃO AS SEÇÕES DO SEU LIVRO:

ABERTURAS DE UNIDADES
APRESENTAM IMAGENS SOBRE O TEMA QUE SERÁ ESTUDADO.

HORA DA HISTÓRIA
MOMENTO PARA OUVIR E CONTAR HISTÓRIAS E DEPOIS REALIZAR ATIVIDADES.

HORA DO JOGO
ATIVIDADES E JOGOS DIVERTIDOS PARA APRENDER MUITO MAIS!

HORA DA CURIOSIDADE
TRAZ ATIVIDADES PARA AMPLIAR CONHECIMENTOS A RESPEITO DO LUGAR ONDE SE VIVE.

HORA DA BRINCADEIRA
TRAZ ATIVIDADES DE ARTES, MÚSICA, MOVIMENTO E EXPRESSÃO CORPORAL.

SUMÁRIO

UNIDADE 1

TODAS AS COISAS TÊM NOME... NOSSO NOME

A TURMA DA LIA

COMO EM QUALQUER ESCOLA, O PRIMEIRO DIA DE AULA É CHEIO DE SURPRESAS! ALGUNS AMIGOS NOVOS CHEGAM, ALGUNS AMIGOS SE FORAM. MAS TODOS SÃO ESPECIAIS, CADA UM DO SEU JEITO.

SUGESTÃO DE LIVRO

REPRODUÇÃO/ED. QUINTETO EDITORIAL

DIVERSIDADE, DE TATIANA BELINKY. SÃO PAULO: QUINTETO EDITORIAL, 1999.

- CONVERSEM SOBRE A IMPORTÂNCIA DE RESPEITAR AS SEMELHANÇAS E AS DIFERENÇAS ENTRE SEUS COLEGAS DE CLASSE E VOCÊ.

NÓS E NOSSAS HISTÓRIAS

- DIVIRTA-SE COM ESTA CANÇÃO!

GENTE TEM SOBRENOME

TODAS AS COISAS TÊM NOME,
CASA, JANELA E JARDIM.
COISAS NÃO TÊM SOBRENOME,
MAS A GENTE SIM.
TODAS AS FLORES TÊM NOME:
ROSA, CAMÉLIA E JASMIM.
FLORES NÃO TÊM SOBRENOME,
MAS A GENTE SIM.

[...]

RENATO É ARAGÃO, O QUE FAZ CONFUSÃO,
CARLITOS É O CHARLES CHAPLIN.
E TEM O VINICIUS, QUE ERA DE MORAES,
E O TOM BRASILEIRO É JOBIM.
QUEM TEM APELIDO, ZICO, MAGUILA,
XUXA, PELÉ E HE-MAN.
TEM SEMPRE UM NOME E DEPOIS DO NOME
TEM SOBRENOME TAMBÉM.

CANÇÃO DOS DIREITOS DA CRIANÇA (CD), DE TOQUINHO E CONVIDADOS. MOVIEPLAY, 1997.

- CONTE PARA OS COLEGAS SEU NOME E SOBRENOME.

MEU NOME

VOCÊ TEM UM NOME. ELE É REPETIDO SEMPRE QUE ALGUÉM QUER FALAR COM VOCÊ.

TODO MUNDO LEVA,
TODO MUNDO TEM,
PORQUE A TODOS LHES DÃO UM
QUANDO AO MUNDO VÊM.

ADIVINHA POPULAR.

- COM A AJUDA DO PROFESSOR, ESCREVA SEU NOME NO QUADRO.

- OBSERVE SEU NOME ESCRITO.
- QUANTAS LETRAS TEM SEU NOME? DIGA PARA OS COLEGAS.

MEU NASCIMENTO

VOCÊ SABE QUANDO NASCEU?

MATERIAL DE APOIO

- DESTAQUE DA **PÁGINA 17** UMA CARTEIRINHA COMO A DA LIA.
- PEÇA AJUDA A UM ADULTO PARA COMPLETAR OS DADOS.

A PRIMEIRA LETRA DO MEU NOME É...

- CONTORNE A PRIMEIRA LETRA DE SEU NOME NO VARAL DE LETRAS A SEGUIR.

- AGORA, ESCREVA A LETRA INICIAL DE SEU NOME NO QUADRO ABAIXO.

FAZENDO HISTÓRIA: COMO EU SOU, COMO EU ERA...

PARA CONTAR UMA HISTÓRIA, É PRECISO QUE OS ACONTECIMENTOS TENHAM SIDO REGISTRADOS ANTERIORMENTE.

- COM A AJUDA DE UM ADULTO, COLE FOTOS NOS QUADROS A SEGUIR.

QUANDO EU NASCI, EU ERA ASSIM:

HOJE EU SOU ASSIM:

MINHA IDADE

DEPOIS QUE NASCEMOS, A CADA ANO COMPLETAMOS MAIS UM ANO DE VIDA. E VOCÊ, QUANTOS ANOS TEM AGORA?

- FAÇA UM **X** NA MÃO QUE MOSTRA SUA IDADE.
- CONTORNE A MÃO QUE INDICA QUANTOS ANOS VOCÊ VAI FAZER NO SEU PRÓXIMO ANIVERSÁRIO.

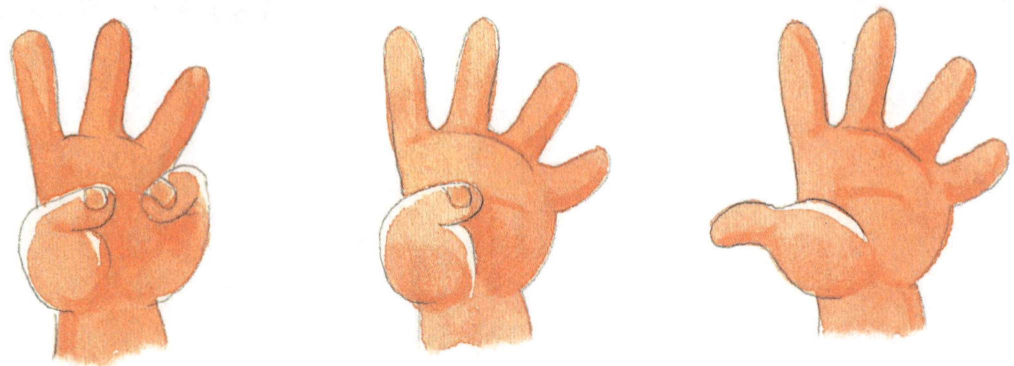

- DESENHE NO BOLO A QUANTIDADE DE VELINHAS QUE INDICA QUANTOS ANOS VOCÊ VAI FAZER NO SEU PRÓXIMO ANIVERSÁRIO.

MINHA ALTURA

AS PESSOAS NASCEM PEQUENAS E CRESCEM...
MAS MESMO QUANDO TÊM A MESMA IDADE PODEM TER TAMANHOS DIFERENTES.

- FAÇA UM **X** NA CRIANÇA MAIS ALTA.
- CONTORNE A CRIANÇA MAIS BAIXA.

MINHA IMPRESSÃO DIGITAL

TODOS NÓS TEMOS UMA MARCA QUE É SÓ NOSSA. É A IMPRESSÃO DIGITAL.

- MOLHE SEU DEDO POLEGAR COM TINTA. CARIMBE NO ESPAÇO ABAIXO SUA IMPRESSÃO DIGITAL.

- DEPOIS, COMPARE COM A DE UM COLEGA E OBSERVE AS DIFERENÇAS.
- VOCÊ SABE O NOME DOS DEDOS DAS MÃOS?

SUGESTÕES DE LIVROS

REPRODUÇÃO/EDITORA PANDA BOOKS

DESENHANDO COM OS DEDOS, DE ED EMBERLEY. SÃO PAULO: PANDA BOOKS, 2004.

REPRODUÇÃO/EDITORA MELHORAMENTOS

OS DEZ AMIGOS, DE ZIRALDO. SÃO PAULO: MELHORAMENTOS, 2009.

HORA DA BRINCADEIRA

MEUS DEDINHOS

- VOCÊ CONHECE ALGUMA BRINCADEIRA FEITA COM OS DEDOS?

DEDO

PRA CHUPAR
TIRAR MELECA
FURAR BOLO
COÇAR FERIDA
PINTAR DE AZUL

DEDO!
PRIMEIRO BRINQUEDO

SACO DE BRINQUEDOS, DE CARLOS URBIM.
PORTO ALEGRE: PROJETO, 2010.

- SOLTE A IMAGINAÇÃO! CRIE DESENHOS E FORMAS COM SUAS DIGITAIS NO ESPAÇO ABAIXO.

SUGESTÃO DE LIVRO

REPRODUÇÃO/EDITORA PINAKOTHEKE

VAMOS FAZER UM MONTE DE ARTE COM OS DEDOS, DE MARION DEUCHARS. TRADUÇÃO DE JULIO SILVEIRA. RIO DE JANEIRO: PINAKOTHEKE, 2013.

FAZENDO HISTÓRIA: MINHAS MÃOS

HOJE SUAS MÃOS TÊM UM TAMANHO, MAS ELAS VÃO CRESCER COM VOCÊ. VAMOS FAZER UM REGISTRO PARA COMPARAR DEPOIS?

- PASSE TINTA EM UMA DE SUAS MÃOS E CARIMBE-A ABAIXO.

HOJE TENHO

ANOS.

- DEPOIS, ESCREVA NO QUADRINHO AO LADO A SUA IDADE.

BRINCAR DE RODA É MUITO DIVERTIDO.
BRINCAR COM O NOME DOS COLEGAS É MELHOR AINDA!

A CANOA VIROU

A CANOA VIROU
POIS DEIXARAM ELA VIRAR
FOI POR CAUSA DA **SOFIA**
QUE NÃO SOUBE REMAR.

SE EU FOSSE UM PEIXINHO
E SOUBESSE NADAR
EU TIRAVA A **SOFIA**
DO FUNDO DO MAR.

CANTIGA POPULAR.

- CANTE A CANTIGA TROCANDO O NOME **SOFIA** PELO NOME DE TODOS OS COLEGAS DE CLASSE.
- DESENHE MAIS PEIXINHOS NO FUNDO DO MAR.

SUGESTÃO DE LIVRO

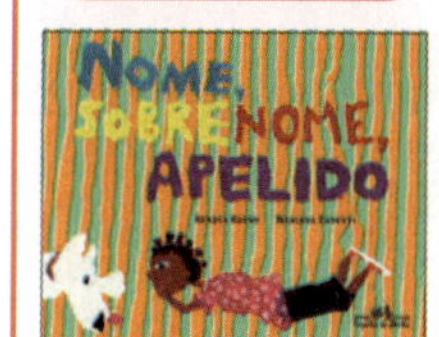

NOME, SOBRENOME, APELIDO, DE RENATA BUENO. SÃO PAULO: COMPANHIA DAS LETRINHAS, 2010.

REPRODUÇÃO/EDITORA COMPANHIA DAS LETRINHAS

É BOM SER DIFERENTE!

- ACOMPANHE O TRECHO DA CANÇÃO A SEGUIR COM O PROFESSOR.

NINGUÉM É IGUAL A NINGUÉM

NÃO QUEIRA SER AQUILO QUE O OUTRO É (BIS)
NEM QUE O OUTRO SEJA, ORA VEJA,
TUDO AQUILO QUE VOCÊ QUER.

NINGUÉM É IGUAL A NINGUÉM (BIS)
AINDA BEM, AINDA BEM
[...]

OLHA SÓ QUEM VEM AÍ...! (CD), DE MILTON KARAM. COLÉGIO STAGIUM.

- CONVERSE A RESPEITO DAS DIFERENÇAS ENTRE VOCÊ E OS COLEGAS.
- FAÇA UM DESENHO QUE REPRESENTE ESSAS DIFERENÇAS.

- CONSTRUA COM OS COLEGAS UM CARTAZ COM DESENHOS E COLAGENS.

COLEGAS DE ESCOLA

VEJA LIA E SEUS COLEGAS DE ESCOLA. VAMOS CONTAR?

1 CRIANÇA

UM

2 CRIANÇAS

DOIS

3 CRIANÇAS

TRÊS

4 CRIANÇAS

QUATRO

5 CRIANÇAS

CINCO

6 CRIANÇAS

SEIS

- CONTE, EM VOZ ALTA, A QUANTIDADE DE CRIANÇAS QUE HÁ EM CADA GRUPO.
- APONTE PARA CADA CRIANÇA ENQUANTO CONTA.

CONTAR E LIGAR

BRUNO QUER CONTAR AS CRIANÇAS. VAMOS AJUDÁ-LO?

1 2 3 4 5 6

- CONTE E LIGUE CORRETAMENTE CADA GRUPO DE CRIANÇAS A UM NÚMERO.

O NOME COMEÇA COM...

VAMOS FAZER POEMA COM NOMES?
É MUITO DIVERTIDO!

COM **A** ESCREVO **A**MOR.
COM **P** ESCREVO **P**AIXÃO.
COM **A** ESCREVO **A**NA.
ANA DO MEU CORAÇÃO.

- QUAL É A PRIMEIRA LETRA DO NOME ANA?
  ESCREVA-A NO QUADRINHO A SEGUIR.

- QUE NOMES DA TURMA TAMBÉM COMEÇAM COM A LETRA **A**?
- ESCOLHA UM COLEGA E RECITE O POEMA COM O NOME DELE. DEPOIS, ESCREVA O NOME ESCOLHIDO NO QUADRO ABAIXO.

JOGO DA TURMA DA LIA

VAMOS BRINCAR COM A TURMA DA LIA?

MATERIAL

14 PEÇAS.

PARTICIPANTES

2 PARTICIPANTES.

REGRAS

MATERIAL DE APOIO

1. DESTAQUE AS PEÇAS DA **PÁGINA 19**.
2. CONVIDE UM COLEGA PARA JOGAR COM VOCÊ.
3. DISTRIBUA AS PEÇAS ENTRE OS PARTICIPANTES.
4. O PRIMEIRO JOGADOR COLOCA UMA PEÇA SOBRE A MESA PARA INICIAR O JOGO.
5. O OUTRO JOGADOR PRECISA COLOCAR NA SEQUÊNCIA UMA PEÇA COM O NOME OU A IMAGEM DOS PERSONAGENS CORRESPONDENTES À PEÇA DA MESA.
6. QUEM NÃO TIVER A PEÇA CORRESPONDENTE DEVE PASSAR A VEZ.
7. VENCE O JOGO QUEM FICAR SEM PEÇAS PRIMEIRO OU COM MENOS PEÇAS NA MÃO.

MEU NOME É...

• VOCÊ JÁ VIU UM COMPUTADOR OU *TABLET*? SABE PARA QUE ELES SERVEM?

SHUTTERSTOCK/GLOW IMAGES

• PINTE AS TECLAS QUE TÊM AS LETRAS DE SEU NOME.

• DEPOIS, ESCREVA SEU NOME NO ESPAÇO DA TELA DO *TABLET*.

- CANTE A CANÇÃO E DIVIRTA-SE!

LILI MUZZARELA

DA CARA AMARELA
E BEM MAGRICELA
OLHA SÓ, LÁ VEM ELA
LILI MUZZARELA

NA TRANÇA, FIVELA
NA BOLSA, QUE É BELA
TRAZ SEMPRE UM BATOM
COM TOM DE CANELA

É A LILI, LILI MUZZARELA
É A LILI, LILI MUZZARELA

[...]

A TURMA DO TIKUNTÁ (DVD), DE LEONARDO LOIS E JANAINA RITA. DECKDISC, 2014.

- CONTORNE O NOME DE LILI NA LETRA DA CANÇÃO.
- DESENHE LILI MUZZARELA.

LETRAS ENFEITADAS

© ROMERO BRITTO/WWW.BRITTO.COM

LOVE, DE ROMERO BRITTO. GRAVURA, 43 cm × 37 cm.

SUGESTÃO DE LIVRO

REPRODUÇÃO/EDITORA SIMON & SCHUSTER

MY ALPHABET PLAYBOOK, DE ROMERO BRITTO. NOVA YORK: SIMON & SCHUSTER, 2010.

MATERIAL DE APOIO

- DESTAQUE DA **PÁGINA 21** A LETRA INICIAL DE SEU NOME. AMPLIE-A NO ESPAÇO ABAIXO E ENFEITE-A ASSIM COMO FEZ ANA.

QUANDO EU CRESCER...

- ACOMPANHE A LEITURA DO PROFESSOR.

CLARA

QUANDO EU CRESCER, VOU...
[...]
PATINAR COMO A VOVÓ.
PINTAR COMO MINHA PRIMA.
[...]

CLARA, DE ILAN BRENMAN. SÃO PAULO: BRINQUE-BOOK, 2007.

- CRIE UMA HISTÓRIA E DESENHE-A ABAIXO CONTANDO O QUE VOCÊ PRETENDE FAZER QUANDO CRESCER.

SUGESTÃO DE LIVRO

REPRODUÇÃO/EDITORA BRINQUE-BOOK

CLARA, DE ILAN BRENMAN. SÃO PAULO: BRINQUE-BOOK, 2007.

- AGORA, CONTE A SUA HISTÓRIA PARA OS COLEGAS.

MINHA FAMÍLIA E EU

MATERIAL DE APOIO

- DESTAQUE AS FIGURAS DA **PÁGINA 23** E FORME AQUI SUA FAMÍLIA.

DONATAS1205/SHUTTERSTOCK/GLOW IMAGES

- DEPOIS, FALE O NOME DE CADA PESSOA DA SUA FAMÍLIA E CONTE QUANTAS SÃO.

SUGESTÕES DE LIVROS

REPRODUÇÃO/EDITORA IBEP

FAMÍLIA, DE NÚRIA ROCA. SÃO PAULO: IBEP, 2011.

REPRODUÇÃO/EDIÇÕES SM

O GRANDE E MARAVILHOSO LIVRO DAS FAMÍLIAS, DE MARY HOFFMAN E ROS ASQUITH. SÃO PAULO: EDIÇÕES SM, 2011.

REPRODUÇÃO/EDITORA PANDA BOOKS

O LIVRO DA FAMÍLIA, DE TODD PARR. SÃO PAULO: PANDA BOOKS, 2003.

UMA FAMÍLIA...

ACOMPANHE A LEITURA DO PROFESSOR.

FAMÍLIAS PODEM SER GRANDES, PEQUENAS,
FELIZES, TRISTES, RICAS, POBRES,
ESPALHAFATOSAS, SILENCIOSAS,
BRAVAS, BEM-HUMORADAS,
PREOCUPADAS OU DESENCANADAS...

O GRANDE E MARAVILHOSO LIVRO DAS FAMÍLIAS, DE MARY HOFFMAN E ROS ASQUITH.
SÃO PAULO: EDIÇÕES SM, 2011.

- AGORA, FAÇA UM DESENHO PARA REPRESENTAR UMA DAS FAMÍLIAS DO TEXTO.

FAMÍLIAS GRANDES E PEQUENAS

VEJA A FAMÍLIA DE LIA E A DE BRUNO.

- CONTORNE COM LÁPIS DE COR ▬▬ A FAMÍLIA QUE É **GRANDE**.
- COLOQUE UM **X**, COM A COR ▬▬, NA FAMÍLIA QUE É **PEQUENA**.

- QUANTAS PESSOAS HÁ NA FAMÍLIA DE LIA?
- E NA FAMÍLIA DE BRUNO?
- E A SUA FAMÍLIA, É GRANDE OU PEQUENA? QUANTAS PESSOAS HÁ NA SUA FAMÍLIA?

SUGESTÃO DE LIVRO

REPRODUÇÃO/EDITORA ESCRITA FINA

FAMÍLIA ALEGRIA, DE CRISTINA VILLAÇA. ESCRITA FINA, 2011.

VAMOS CONHECER A FAMÍLIA DE ANA

OBSERVE OS PORTA-RETRATOS COM AS FOTOS DA FAMÍLIA DE ANA.

- LIGUE DOIS A DOIS OS QUE TÊM A MESMA FORMA.

VOVÔ

OLAVO

PAPAI

TITIA

MAMÃE

TITIO

VOVÓ

ANA

PESSOAS CONHECIDAS

OBSERVE ESTES GRUPOS DE PESSOAS.

- O PROFESSOR VAI LER OS TEXTOS E VOCÊ VAI DIZER O NOME QUE DAMOS A CADA UM DESSES GRUPOS.

ESTA É A FAMÍLIA DE BRUNO. NESTA IMAGEM VOCÊ VÊ OS PAIS E OS AVÓS DELE. A ESSE GRUPO DE PESSOAS DAMOS O NOME DE:

P		R		N	T		S

ANA MORA EM UM APARTAMENTO. AS PESSOAS QUE MORAM EM OUTROS APARTAMENTOS DO PRÉDIO OU NAS CASAS PRÓXIMAS AO PRÉDIO DE ANA SÃO CHAMADAS DE:

V		Z		N	H		S

- COMPLETE AS PALAVRAS COM AS LETRAS QUE FALTAM.

ONDE AS PESSOAS DA MINHA FAMÍLIA TRABALHAM?

PERGUNTE A UMA PESSOA QUE MORA COM VOCÊ QUAL É A PROFISSÃO DELA.

- CONVERSE COM ESSA PESSOA SOBRE O TRABALHO QUE ELA EXERCE E REGISTRE ALGUNS DADOS.

NOME DO ENTREVISTADO: ______________________

PROFISSÃO: ______________________

O QUE FAZ: ______________________

- DEPOIS, DESENHE NO QUADRO ALGO QUE REPRESENTE A PROFISSÃO DESSA PESSOA.

OUTRAS PROFISSÕES

VAMOS CONHECER O QUE FAZEM OUTROS PROFISSIONAIS.

- PINTE O QUE CADA PROFISSIONAL REALIZA EM SEU TRABALHO.

O QUE FAZ O PADEIRO?

O QUE FAZ O PEDREIRO?

- ESCREVA A LETRA COM QUE COMEÇAM AS PALAVRAS **PADEIRO** E **PEDREIRO**.

- VAMOS REGISTRAR OUTRAS PALAVRAS QUE COMECEM COM ESSA MESMA LETRA?

REGRAS

MATERIAL DE APOIO

1. DESTAQUE AS CARTELAS DA **PÁGINA 25**.
2. CONVIDE UM AMIGO OU UM ADULTO DE SUA FAMÍLIA PARA JOGAR COM VOCÊ.
3. DISTRIBUA 6 CARTELAS PARA CADA JOGADOR.
4. O PRIMEIRO JOGADOR ESCOLHE UMA PEÇA PARA INICIAR O JOGO.
5. O SEGUNDO JOGADOR PRECISA COMPLETAR COM UM OBJETO RELACIONADO À PROFISSÃO.
6. QUEM NÃO TIVER NENHUMA PEÇA RELACIONADA À PROFISSÃO DEVERÁ PASSAR A VEZ.
7. VENCE O JOGO QUEM FICAR SEM NENHUMA CARTELA PRIMEIRO.

UNIDADE 2

TODAS AS COISAS TÊM NOME... NA MINHA CASA

A CIDADE IDEAL

- ACOMPANHE ESTA CANÇÃO COM O PROFESSOR.

A CIDADE IDEAL

CACHORRO: A CIDADE IDEAL DUM CACHORRO
TEM UM POSTE POR METRO QUADRADO
NÃO TEM CARRO, NÃO CORRO, NÃO MORRO
E TAMBÉM NUNCA FICO APERTADO

GALINHA: A CIDADE IDEAL DA GALINHA
TEM AS RUAS CHEIAS DE MINHOCA
A BARRIGA FICA TÃO QUENTINHA
QUE TRANSFORMA O MILHO EM PIPOCA
[...]

OS SALTIMBANCOS (CD), DE CHICO BUARQUE, SERGIO BARDOTTI E LUIS ENRIQUEZ BACALOV. UNIVERSAL, 1977.

- EM SUA OPINIÃO, COMO SERIA UMA CIDADE IDEAL PARA CRIANÇAS?
- REPRESENTE SUA CIDADE IDEAL COM UM DESENHO BEM COLORIDO.

SUGESTÃO DE LIVRO

REPRODUÇÃO/EDITORA MODERNA

COCÔ DE PASSARINHO, DE EVA FURNARI. SÃO PAULO: MODERNA, 2013.

MINHA CIDADE É INTERESSANTE PORQUE...

BRUNO FOI AO RIO DE JANEIRO E CONHECEU ALGUNS LUGARES MUITO BONITOS.

- O QUE HÁ DE DIFERENTE NA CIDADE EM QUE VOCÊ MORA E NA CIDADE VISITADA POR BRUNO?
- COM O AUXÍLIO DE UM ADULTO, COLE UMA FOTO OU UMA FIGURA DE REVISTA OU DA INTERNET DE UM LOCAL DA SUA CIDADE QUE É VISITADO POR SER INTERESSANTE.
- ESCREVA O NOME DA CIDADE EM QUE VOCÊ MORA.

A RUA MAIS BONITA DO MUNDO

ESTA É A RUA GONÇALO DE CARVALHO, CONSIDERADA A “RUA MAIS BONITA DO MUNDO”.

CARLOS EDUARDO DE QUADROS/FOTOARENA

JEFFERSON BERNARDES/FOLHAPRESS

JEFFERSON BERNARDES/FOLHAPRESS

- POR QUE VOCÊ ACHA QUE AS PESSOAS CONSIDERARAM ESSA RUA A MAIS BONITA DO MUNDO?
- O QUE DEVE HAVER EM UMA RUA PARA QUE ELA SEJA MUITO BONITA?
- DESENHE A RUA BONITA QUE VOCÊ IMAGINOU.

RUA OU SABÃO?

- VOCÊ JÁ CONHECEU ALGUMA RUA QUE TENHA UM NOME ENGRAÇADO? VEJA O NOME DESTA, A RUA DO SABÃO.

CAI, CAI, BALÃO

CAI, CAI, BALÃO
CAI, CAI, BALÃO
NA RUA DO SABÃO.
NÃO CAI NÃO,
NÃO CAI NÃO,
NÃO CAI NÃO,
CAI AQUI NA MINHA MÃO.

CANTIGA POPULAR.

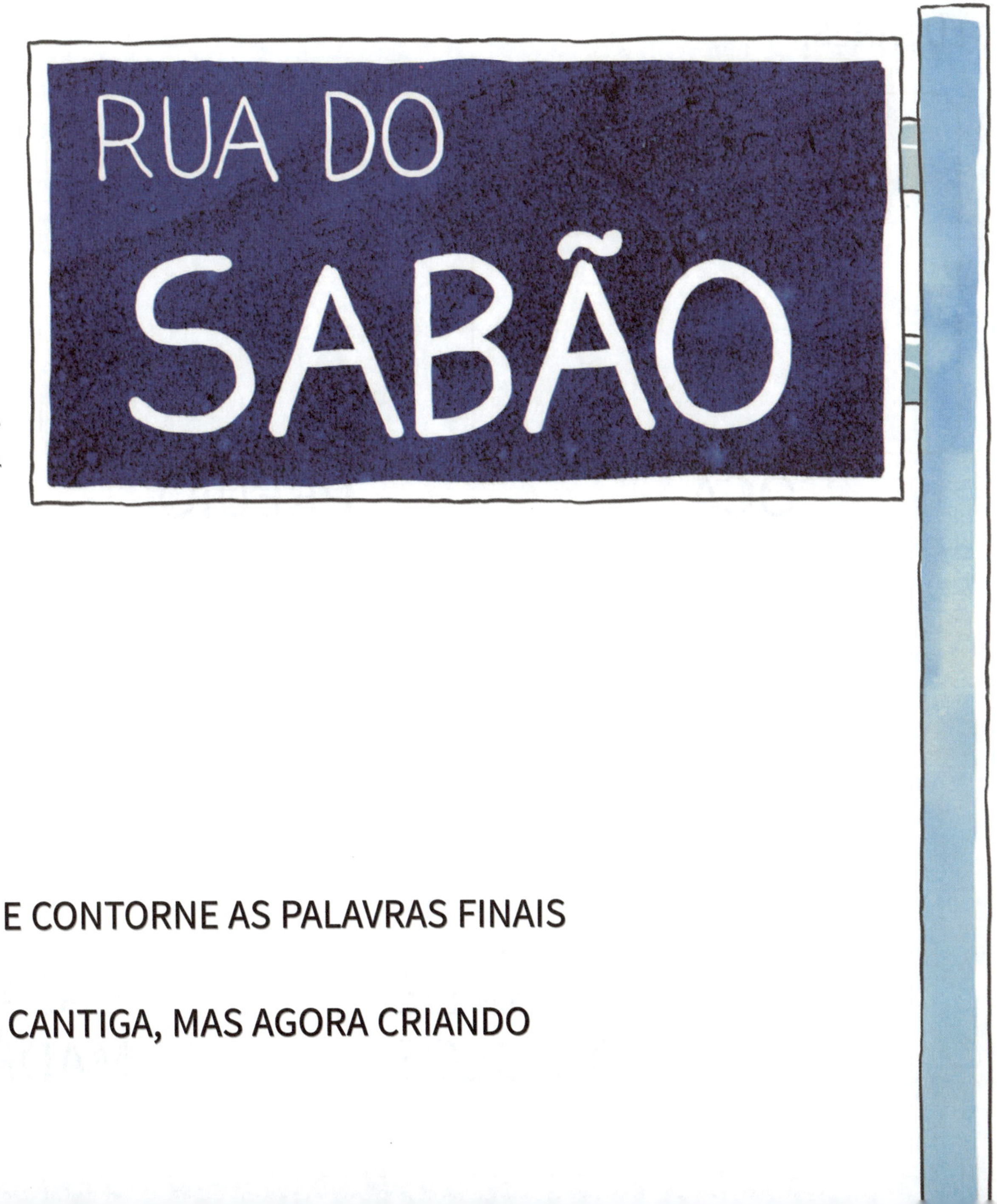

- CANTE A CANTIGA ACIMA E CONTORNE AS PALAVRAS FINAIS QUE RIMAM.
- DEPOIS, CANTE A MESMA CANTIGA, MAS AGORA CRIANDO OUTRAS RIMAS.

AS MORADIAS

MATERIAL DE APOIO

AS PESSOAS MORAM EM LUGARES MUITO DIFERENTES.

- DESTAQUE AS FOTOGRAFIAS DA **PÁGINA 27** E COLE AS MORADIAS NOS RESPECTIVOS LUGARES.

OCA

PRÉDIO

PALAFITA

CASA DE TIJOLOS

CASA DE MADEIRA

A RUA EM QUE SOFIA MORA

ESTA É A RUA EM QUE SOFIA MORA.
O PROFESSOR VAI DAR ALGUMAS PISTAS PARA QUE VOCÊ DESCUBRA QUAL É A CASA DE SOFIA. FIQUE ATENTO.

1. É UMA CASA COM 2 ANDARES.
2. FICA AO LADO DA PADARIA.
3. TEM APENAS UMA JANELA NO ANDAR DE CIMA.

- PINTE A CASA DE SOFIA.

ESTA É A NOVA CASA DE SOFIA

- ACOMPANHE A LEITURA DO PROFESSOR.

IMPRESSIONISTA

UMA OCASIÃO,
MEU PAI PINTOU A CASA TODA
DE ALARANJADO BRILHANTE.
POR MUITO TEMPO MORAMOS NUMA CASA,
COMO ELE MESMO DIZIA,
CONSTANTEMENTE AMANHECENDO.

POESIA REUNIDA, DE ADÉLIA PRADO. SÃO PAULO: SICILIANO, 1991.

- ESCREVA A PALAVRA **CASA** ABAIXO.

- AGORA, CONTORNE A PALAVRA **CASA** NO POEMA.

- QUANTAS LETRAS TEM A PALAVRA **CASA**?

- COM QUE LETRA ESSA PALAVRA TERMINA?

- QUANTAS VEZES A LETRA **A** APARECE NA PALAVRA **CASA**?

- COM QUE LETRA INICIA A PALAVRA **CASA**?

- VOCÊ CONHECE OUTRA PALAVRA QUE INICIA COM A LETRA **C**? SE SIM, DIGA A PALAVRA AOS COLEGAS.

FLORES NO JARDIM

- ACOMPANHE A LEITURA DO PROFESSOR.

JARDIM

FABRICO UM JARDIM
COM FLORES AS MAIS
VARIADAS
PARA QUE O OLHAR
AÍ POSSA DESCANSAR.
[...]

FÁBRICA DE POESIA, DE ROSEANA MURRAY.
SÃO PAULO: SCIPIONE, 2012.

- EM SUA CASA HÁ UM JARDIM?
- DESENHE UM JARDIM E PINTE-O BEM COLORIDO.

SUGESTÃO DE LIVRO

REPRODUÇÃO/EDITORA USBORNE

1 000 IDEIAS PARA CRIAR E SE DIVERTIR, DE FIONA WATT. BARUERI: USBORNE, 2012.

CÔMODOS DE UMA CASA

UMA CASA TEM VÁRIOS CÔMODOS.
VOCÊ SABE O NOME DOS CÔMODOS ILUSTRADOS A SEGUIR?

SALA

BANHEIRO

QUARTO

COZINHA

- ESCREVA NOS QUADRINHOS O NÚMERO PARA INDICAR QUANTOS QUARTOS, BANHEIROS, SALAS, COZINHAS TEM A SUA CASA.
- QUAL É O TOTAL DE CÔMODOS DA SUA CASA?

MINHA CASA É ASSIM...

- DESENHE E PINTE SUA CASA.
- CONTE PARA OS COLEGAS COMO ELA É POR DENTRO.
- DEPOIS, CONTE PARA ELES QUAL É O SEU CÔMODO PREFERIDO.

ESTE É O QUARTO DE BRUNO

- DIGA O NOME DE ALGUMAS COISAS QUE VOCÊ VÊ NESTE QUARTO.
- DESCUBRA TRÊS COISAS QUE TÊM A MESMA FORMA.
- PINTE DA MESMA COR OS OBJETOS QUE TÊM A MESMA FORMA.

- PINTE DE [verde] O NÚMERO QUE INDICA A QUANTIDADE DE BOLAS DESTE QUARTO.
- PINTE DE [laranja] O NÚMERO QUE INDICA A QUANTIDADE DE DADOS DESTE QUARTO.

1 2 3 4 5 6 7 8 9 10

CADA UM COM SUA CAMA

NESTAS IMAGENS HÁ TRÊS TIPOS DE CAMA.

- LIGUE CADA CAMA AO SEU DONO.

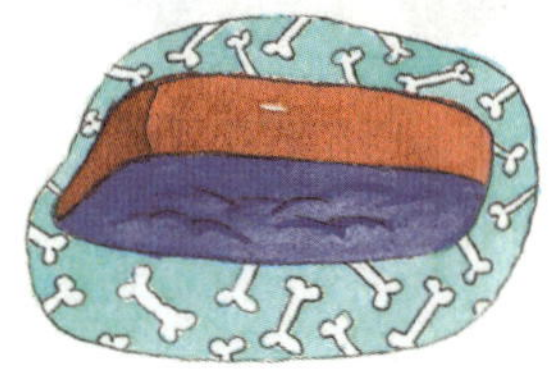

MINHAS ROUPAS

CALÇA

CASACO

CAMISETA

BERMUDA

- VOCÊ SABE O NOME DE CADA ROUPA ACIMA?
- CONTORNE DE ▬▬ AS TRÊS PALAVRAS QUE COMEÇAM COM AS MESMAS LETRAS.
- COPIE ESSAS LETRAS NO QUADRINHO. ☐

MEUS BRINQUEDOS

MEUS BRINQUEDOS

DE REPENTE,
AO LEMBRAR DOS BRINQUEDOS QUERIDOS,
QUE FICARAM ESQUECIDOS
DENTRO DO ARMÁRIO,
ME BATE UMA SAUDADE,
ME BATE UMA VONTADE
DE VOLTAR NO TEMPO
[...]

CLARICE PACHECO. DISPONÍVEL EM: <WWW.CLARICEPACHECO.COM/POESIAS>.
ACESSO EM: 23 NOV. 2016.

- ESTES SÃO ALGUNS DOS BRINQUEDOS DE CAUÃ. VOCÊ SABE O NOME DELES?

BOLA	DINOSSAUROS	HELICÓPTERO	BICICLETA

- PINTE APENAS O NOME DOS BRINQUEDOS QUE COMEÇAM COM A LETRA **B**.
- QUANTAS LETRAS TEM CADA UMA DAS PALAVRAS QUE VOCÊ PINTOU?

4, 5, 6... VAMOS CONTAR OUTRA VEZ?

- INDIQUE A QUANTIDADE DE BRINQUEDOS EM CADA GRUPO COM OS NÚMEROS 4, 5 E 6.

- CONTORNE OS GRUPOS QUE TÊM MAIS BRINQUEDOS.

NÚMEROS DE 1 A 6

- LIGUE AS MÃOS AOS NÚMEROS.

4 5 2 6 3 1

- ESCREVA O NÚMERO TOTAL DE PONTOS DE CADA PEÇA DO DOMINÓ.

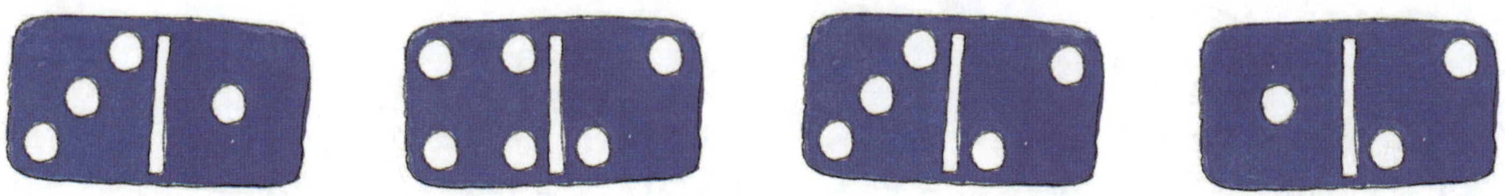

ONDE HÁ MAIS? ONDE HÁ MENOS?

- QUANTAS SÃO AS PETECAS? E OS MENINOS? REGISTRE NOS QUADRINHOS.
- HÁ MAIS PETECAS OU MAIS MENINOS? PINTE O GRUPO COM MAIS ELEMENTOS.
- COMO VOCÊ SABE SE HÁ MAIS PETECAS OU MAIS MENINOS? CONVERSE COM OS COLEGAS.

- QUANTAS SÃO AS BOLAS? E AS MENINAS? REGISTRE NOS QUADRINHOS.
- QUAL É O GRUPO QUE TEM MENOS ELEMENTOS? PINTE-O.
- COMO VOCÊ SABE SE HÁ MENOS BOLAS OU MENOS MENINAS? CONVERSE COM OS COLEGAS.

É IMPORTANTE SE ORGANIZAR

CAUÃ GOSTA DE COLOCAR CADA BRINQUEDO EM SEU LUGAR. VOCÊ TAMBÉM GOSTA DE ORGANIZAR SUAS COISAS?

VEÍCULOS	**ANIMAIS**

MATERIAL DE APOIO

- DESTAQUE AS FOTOGRAFIAS DE VEÍCULOS E ANIMAIS DA **PÁGINA 29** E COLE-AS NOS LUGARES CORRETOS.

LIA GOSTA DE PINTAR

VAMOS PINTAR TAMBÉM?

- QUAIS DESENHOS DE OBJETOS LEMBRAM AS FORMAS GEOMÉTRICAS COLORIDAS ACIMA?

- PINTE DA MESMA COR DA FORMA GEOMÉTRICA OS DESENHOS DE OBJETOS QUE SE PARECEM COM ELA.

- QUANTAS FIGURAS VOCÊ PINTOU?

MAIOR? MENOR? DO MESMO TAMANHO?

- LIGUE AS CAIXAS DE MESMO TAMANHO.
- FAÇA UM **X** NA CAIXA MAIOR.
- FAÇA UMA ● NA CAIXA MENOR.

- VAMOS COLORIR AS CAIXAS? VOCÊ ESCOLHE AS CORES.

ESTA É A COZINHA DA CASA DE ANA

VOCÊ SABE O NOME DOS OBJETOS QUE APARECEM NESTA COZINHA?

- DIGA O NOME DOS OBJETOS QUE VOCÊ VÊ NA COZINHA.
- ESCREVA, NO QUADRINHO AO LADO, A ÚLTIMA LETRA DA PALAVRA **COZINHA**.
- CONTORNE, NA ILUSTRAÇÃO, ALGUM OBJETO CUJO NOME TAMBÉM TERMINE COM A LETRA **A**.

NA COZINHA DA CASA DE ANA TEM...

- VOCÊ CONHECE ESTES OBJETOS? SABE PARA QUE ELES SERVEM?

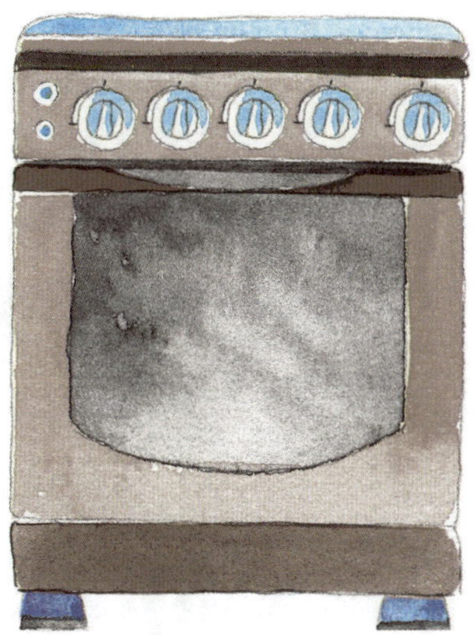

GELADEIRA

FOGÃO

- PINTE O NOME DO OBJETO QUE TEM A LETRA **E**.

- DESENHE UM OBJETO QUE HÁ NA COZINHA DE SUA CASA E QUE TAMBÉM APRESENTE A LETRA **E** NA ESCRITA DO NOME.

ESTÁ DENTRO OU ESTÁ FORA?

- FAÇA UMA SETA NA PANELA QUE ESTÁ DENTRO DO FORNO.
- CONTORNE A PANELA QUE ESTÁ FORA DO FORNO.

- FAÇA UMA SETA NO CUBO DE GELO QUE ESTÁ DENTRO DO COPO.
- CONTORNE O CUBO DE GELO QUE ESTÁ FORA DO COPO.
- DESENHE UMA BOLA EMBAIXO DA MESA.

MÃO NA MASSA!

MATERIAL DE APOIO

VAMOS PREPARAR ALGUNS DOCINHOS?

- DESTAQUE AS FIGURAS DA **PÁGINA 29** E DESCUBRA A SEQUÊNCIA DA RECEITA.

MODO DE PREPARO DOS DOCINHOS

1. DESPEJE O LEITE EM PÓ EM UMA VASILHA FUNDA.
2. JUNTE O LEITE CONDENSADO E MEXA COM AS MÃOS ATÉ MISTURAR BEM OS INGREDIENTES.
3. FAÇA BOLINHAS E PASSE-AS NO COCO RALADO.
4. VOCÊ TAMBÉM PODE UTILIZAR CORANTE PARA DOCES PARA COLORIR OS DOCINHOS.

1	2	3	4

QUANTAS FRUTAS GOSTOSAS!

VOCÊ CONHECE ESTAS FRUTAS?

AS IMAGENS DESTA PÁGINA NÃO ESTÃO REPRESENTADAS EM PROPORÇÃO.

IAN 2010/SHUTTERSTOCK/ GLOW IMAGES

D7INAMI7S/SHUTTERSTOCK/ GLOW IMAGES

PHOTOHAPPINESS/SHUTTERSTOCK/ GLOW IMAGES

FIRST_EMOTION/ SHUTTERSTOCK/ GLOW IMAGES

SUKHAREVSKYY DMYTRO (NEVODKA)/ SHUTTERSTOCK/GLOW IMAGES

VALENTYN VOLKOV/ SHUTTERSTOCK/ GLOW IMAGES

ALEKSEY TROSHIN/SHUTTERSTOCK/ GLOW IMAGES

DENISNATA/SHUTTERSTOCK/ GLOW IMAGES

EKKAPON/SHUTTERSTOCK/ GLOW IMAGES

- CONTORNE AS FRUTAS QUE VOCÊ JÁ PROVOU.
- FAÇA UM **X** NAS FRUTAS QUE COMEÇAM COM A MESMA LETRA.
- DESENHE OUTRA FRUTA DE QUE VOCÊ GOSTA. CONTE AOS COLEGAS O NOME DESSA FRUTA.

QUE DELÍCIA DE SUCOS!

ANA FEZ SUCO DE LARANJA.

CAUÃ FEZ SUCO DE UVA.

- OBSERVE OS COPOS.

- LIGUE:
  1. OS DOIS QUE ESTÃO CHEIOS.
  2. OS DOIS QUE ESTÃO VAZIOS.
  3. OS DOIS QUE ESTÃO COM SUCO PELA METADE.

ALIMENTAÇÃO SAUDÁVEL

- RECORTE IMAGENS DE ALIMENTOS SAUDÁVEIS E COLE-AS NO ESPAÇO ABAIXO.

VAMOS BRINCAR DE IMITAR ALGUNS SONS DA COZINHA?

- DEPOIS, PINTE APENAS OS OBJETOS QUE ENCONTRAMOS NA COZINHA.

A PANELA DE PRESSÃO
ASSOBIA UMA CANÇÃO.
A COZINHA É O MUNDO
ONDE O SOM IMPERA
QUER NA PIA, QUER NA PANELA,
SEMPRE EXISTE UM BARULHO.

O PEQUENO POETA: FIGURAS DE ESTILO E POEMAS DIVERTIDOS, DE ISABEL FURINI. SÃO PAULO: MATRIX, 2012.

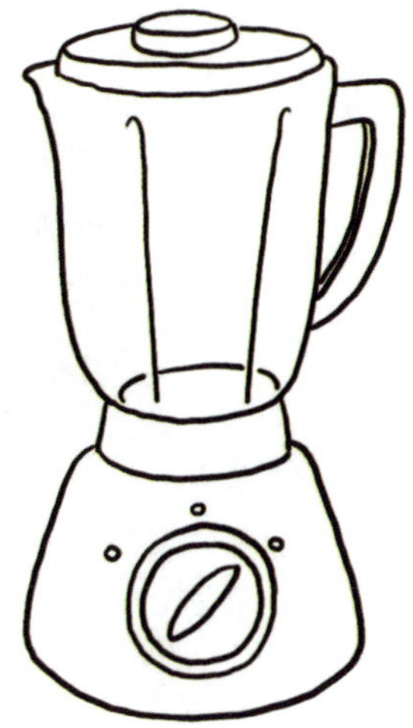

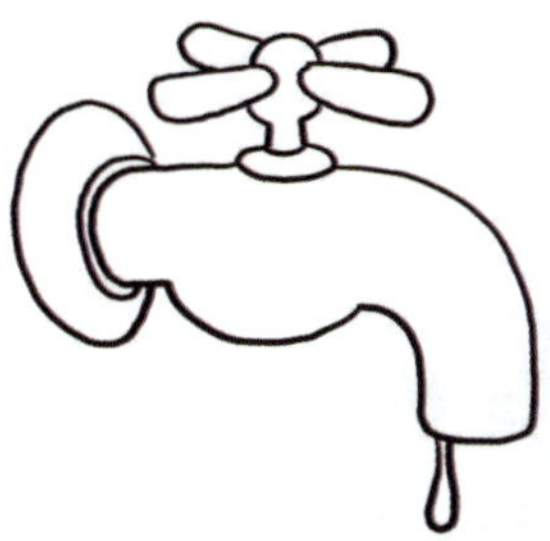

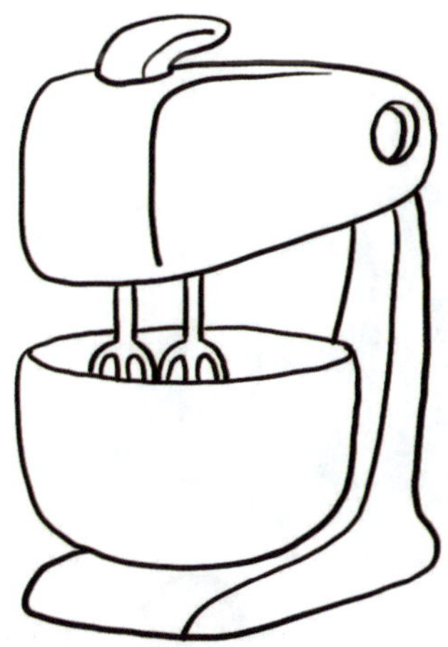

SUGESTÃO DE LIVRO

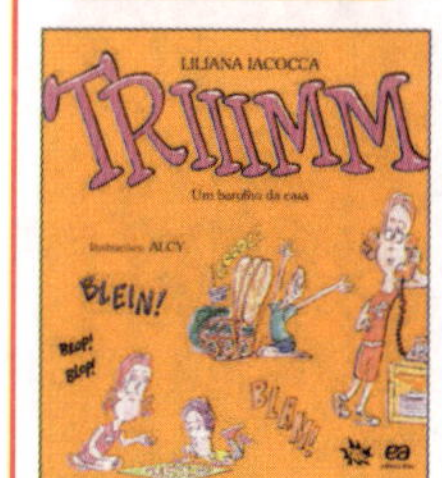

REPRODUÇÃO/EDITORA ÁTICA

TRIIIMM: UM BARULHO DA CASA, DE LILIANA IACOCCA. SÃO PAULO: ÁTICA, 2011. (COLEÇÃO TOC TOC).

VIDA SAUDÁVEL

VAMOS NOS LEMBRAR DE ALGUNS CUIDADOS QUE DEVEMOS TER COM NOSSO CORPO?

- FAÇA UM **X** NO CUIDADO QUE VOCÊ TEM EM CADA SITUAÇÃO.

DEPOIS DE BRINCAR

ANTES DAS REFEIÇÕES

ANTES DE DORMIR

DEPOIS DE ACORDAR

MATERIAL DE APOIO

- OUÇA A HISTÓRIA.
- DESTAQUE AS FIGURAS DA PÁGINA 31 E COLE-AS NA PANELA.

O BANHEIRO DA CASA DE BRUNO

- ACOMPANHE O POEMA QUE O PROFESSOR VAI LER E, DEPOIS, CONVERSE SOBRE ELE COM OS COLEGAS.

O PENTE

TODA VEZ
QUE SONHAVA
COM CABELO,
AQUELE PENTE
SEM DENTE
TINHA
PESADELO.
[...]

ZUM-ZUM-ZUM E OUTRAS POESIAS, DE LALAU E LAURABEATRIZ. SÃO PAULO: COMPANHIA DAS LETRINHAS, 2007.

- COM A AJUDA DO PROFESSOR, LEIA AS PALAVRAS ABAIXO.

TAPETE ☐ SABONETE ☐ PENTE ☐

- ENCONTRE ESSES OBJETOS NO BANHEIRO DE BRUNO E CONTORNE-OS.
- ESCREVA A PRIMEIRA LETRA DE CADA PALAVRA NOS QUADRINHOS.
- CONTORNE AS DUAS ÚLTIMAS LETRAS DAS PALAVRAS.
- ENCONTRE A PALAVRA **PENTE** NO POEMA E CONTORNE-A.

ESTA É A SALA DA CASA DE MANUELA

O QUE VOCÊ VÊ NA SALA DE MANUELA?

- CONTORNE COM LÁPIS ▬▬ AS FIGURAS QUE LEMBRAM O  .
- QUANTAS FIGURAS QUE LEMBRAM O  VOCÊ CONTORNOU? ☐
- CONTORNE COM LÁPIS ▬▬ AS FIGURAS QUE LEMBRAM O  .
- QUANTAS FIGURAS QUE LEMBRAM O  VOCÊ CONTORNOU? ☐

NA SALA DE MANUELA TEM...

VEJA O NOME DE ALGUNS OBJETOS QUE ESTÃO NA SALA DA CASA DE MANUELA.

AS IMAGENS DESTA PÁGINA NÃO ESTÃO REPRESENTADAS EM PROPORÇÃO.

MTKANG/SHUTTERSTOCK

MADARAKIS/SHUTTERSTOCK

AFRICA STUDIO/SHUTTERSTOCK

TELEVISÃO	TELEFONE	TAPETE

- COM QUE LETRA COMEÇAM AS PALAVRAS **TELEVISÃO**, **TELEFONE** E **TAPETE**?
- CONTORNE COM A MESMA COR AS PALAVRAS QUE TERMINAM COM A LETRA **E**.
- CONTORNE COM OUTRA COR A PALAVRA QUE TERMINA COM **ÃO**.
- ESCREVA AS ÚLTIMAS LETRAS DAS PALAVRAS NOS QUADRINHOS.

FAZENDO HISTÓRIA... COMO ERA, COMO É

OBSERVE COMO ALGUNS MEIOS DE COMUNICAÇÃO ERAM E COMO SÃO ATUALMENTE.

- VOCÊ CONHECE ESTES MEIOS DE COMUNICAÇÃO?

AS IMAGENS DESTA PÁGINA NÃO ESTÃO REPRESENTADAS EM PROPORÇÃO.

CHUCK RAUSIN/SHUTTERSTOCK

ANDREASNIKOLAS/SHUTTERSTOCK

TEREKHOV IGOR/SHUTTERSTOCK

RANGIZZZ/SHUTTERSTOCK

DMITRY NAUMOV/SHUTTERSTOCK

STOCKPHOTO MANIA/SHUTTERSTOCK

- CONTORNE O OBJETO QUE É MAIS UTILIZADO EM SUA CASA.

VAMOS BRINCAR?

MATERIAL DE APOIO

- DESTAQUE AS CENAS DA **PÁGINA 33** E COLE-AS NOS QUADROS ABAIXO NA ORDEM EM QUE ACONTECEM. OBSERVE O QUE BETO E BRUNO ESTÃO FAZENDO.

- QUAL É O MEIO DE COMUNICAÇÃO USADO PELAS CRIANÇAS?
- O QUE ELAS QUERIAM COMUNICAR?

MONTAR PALAVRAS

- PARA JOGAR, SIGA AS ORIENTAÇÕES DO PROFESSOR.

MATERIAL DE APOIO

REGRAS

1. DESTAQUE AS PEÇAS DAS **PÁGINAS 35 E 37**.
2. COLE CADA FIGURA EM UMA CAIXINHA DE FÓSFOROS VAZIA.
3. CONVIDE UM COLEGA PARA JOGAR COM VOCÊ.
4. EMBARALHEM AS LETRAS E DEIXEM-NAS NO CENTRO DA MESA.
5. CADA PARTICIPANTE ESCOLHE TRÊS CAIXINHAS.
6. NA SUA VEZ, O PARTICIPANTE LANÇA O DADO E PEGA DA MESA A QUANTIDADE DE LETRAS CORRESPONDENTE À QUANTIDADE DE PONTOS DO DADO.
   ATENÇÃO: O PARTICIPANTE DEVE ESCOLHER AS LETRAS QUE FORMAM OS NOMES DAS CAIXINHAS QUE ESTÃO COM ELE.
7. O PARTICIPANTE QUE PRIMEIRO CONSEGUIR FORMAR AS PALAVRAS DAS TRÊS CAIXINHAS SERÁ O VENCEDOR.
8. NO FIM DO JOGO GUARDEM AS LETRAS NAS CAIXINHAS CORRESPONDENTES.

TEMPO PARA TUDO...

EM CASA PODEMOS FAZER MUITAS COISAS...
VEJA O QUE LIA, ANA, SOFIA, CAUÃ, BETO, BRUNO E MANUELA ESTÃO FAZENDO.

- MARQUE UM **X** NAS ATIVIDADES QUE VOCÊ TAMBÉM COSTUMA FAZER EM CASA.

MEU DIA

O QUE EU COSTUMO FAZER NOS TRÊS PERÍODOS DO DIA.

MANHÃ

TARDE

NOITE

- PINTE O QUADRINHO QUE MOSTRA O PERÍODO DO DIA EM QUE VOCÊ REALIZA CADA ATIVIDADE.

CUIDADO!

ALGUNS OBJETOS DOMÉSTICOS NÃO DEVEM SER USADOS POR CRIANÇAS.

AS IMAGENS DESTA PÁGINA NÃO ESTÃO REPRESENTADAS EM PROPORÇÃO.

MAXX-STUDIO/SHUTTERSTOCK

FOGÃO

BLUEHAND/SHUTTERSTOCK

SOFÁ

KLETR/SHUTTERSTOCK

MESA COM CADEIRA

BEELDPHOTO/SHUTTERSTOCK

TELEVISÃO

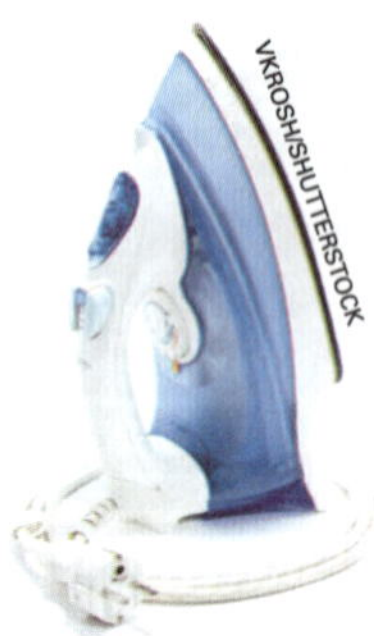
VKROSH/SHUTTERSTOCK

FERRO DE PASSAR

HYWIT DIMYADI/SHUTTERSTOCK

COMPUTADOR

HURST PHOTO/SHUTTERSTOCK

MICRO-ONDAS

- CONTORNE OS OBJETOS QUE OFERECEM PERIGO ÀS CRIANÇAS.
- EM SUA OPINIÃO, POR QUE ESSES OBJETOS SÃO PERIGOSOS?

MANHÃ, NOITE

- CANTE A CANÇÃO COM OS COLEGAS.

BOA NOITE

GATINHA, A MAMÃE TÁ TÃO CANSADA
VÊ SE DORME HOJE TODA MADRUGADA
BOA NOITE, BOA NOITE

GAROTO QUE DÁ UMA DE BACANA
FAZ XIXI, ESCOVA OS DENTES E JÁ PRA CAMA
BOA NOITE, BOA NOITE

[...]
MIL ABRAÇOS, MIL BEIJINHOS, MIL CARINHOS
DURMA BEM E SONHE SÓ COM OS ANJINHOS
BOA NOITE, BOA NOITE

CANÇÕES DE NINAR (CD), DE PALAVRA CANTADA. MCD, 1994.

MATERIAL DE APOIO

- DESTAQUE AS CENAS DA **PÁGINA 39** E OBSERVE-AS.
- COLE AS CENAS NOS LUGARES CORRETOS E, DEPOIS, ESCREVA AS LETRAS QUE FALTAM.

B		

N			T	

B		M

D		

UNIDADE 3

TODAS AS COISAS TÊM NOME... NA ESCOLA

CIDADE OU CAMPO?

- OBSERVE AS DUAS CENAS A SEGUIR.

- CONVERSE COM OS COLEGAS SOBRE A CENA QUE MAIS SE PARECE COM O LUGAR ONDE SE ENCONTRA A ESCOLA EM QUE VOCÊ ESTUDA.
- DEPOIS, ASSINALE ESSA CENA COM UM **X**.

UMA ESCOLA NO RIO

- COMO VOCÊ IMAGINA A ROTINA DAS CRIANÇAS DAS IMAGENS ABAIXO PARA IR À ESCOLA TODOS OS DIAS?

ALAN SKYRME/ALAMY/LATINSTOCK

TOMAZ SILVA/AGÊNCIA BRASIL

COMO É A ESCOLA QUE VOCÊ FREQUENTA?

AS ESCOLAS SÃO DIFERENTES EM LUGARES DIFERENTES.

- OBSERVE ALGUMAS IMAGENS.

JOÃO PRUDENTE/PULSAR IMAGENS

JOÃO PRUDENTE/PULSAR IMAGENS

CESAR DINIZ/PULSAR IMAGENS

LUCIANA WHITAKER/PULSAR IMAGENS

JOÃO PRUDENTE/PULSAR IMAGENS

- CONTORNE A IMAGEM EM QUE A ESCOLA É MAIS PARECIDA COM A QUE VOCÊ ESTUDA.

A ESCOLA EM QUE ESTUDO

- FAÇA UM DESENHO DA ESCOLA EM QUE VOCÊ ESTUDA.

- COM A AJUDA DE UM ADULTO, COMPLETE:

O NOME DA ESCOLA EM QUE ESTUDO É:

A RUA DA ESCOLA EM QUE ESTUDO

- OBSERVE AS CENAS ABAIXO.

- CONVERSE COM OS COLEGAS SOBRE O QUE ESTÁ ACONTECENDO NAS DUAS CENAS.
- ASSINALE COM UM **X** A RUA QUE MAIS SE PARECE COM AS RUAS PRÓXIMAS À ESCOLA EM QUE VOCÊ ESTUDA.

AQUI SE LOCALIZA A ESCOLA EM QUE ESTUDO

- OBSERVE ESTAS PLACAS. NELAS PODEMOS LER ALGUNS ENDEREÇOS.

ALF RIBEIRO/PULSAR IMAGENS

- COM A AJUDA DE UM ADULTO, ESCREVA O ENDEREÇO DA ESCOLA EM QUE VOCÊ ESTUDA NA PLACA A SEGUIR.

PLACAS E MAIS PLACAS

- OBSERVE AS PLACAS DESTA PÁGINA. VOCÊ SABE O QUE ELAS SIGNIFICAM?

AS IMAGENS DESTA PÁGINA NÃO ESTÃO REPRESENTADAS EM PROPORÇÃO.

REPRODUÇÃO/ARQUIVO DA EDITORA

REPRODUÇÃO/ARQUIVO DA EDITORA

REPRODUÇÃO/ARQUIVO DA EDITORA

SHUTTERSTOCK/GLOW IMAGES

SHUTTERSTOCK/GLOW IMAGES

REPRODUÇÃO/ARQUIVO DA EDITORA

- CONTORNE A PLACA QUE TEM LETRAS.

- DESENHE UMA PLACA QUE VOCÊ VÊ NA ESCOLA EM QUE ESTUDA. CONVERSE COM OS COLEGAS SOBRE ELA.

QUADRADO, TRIÂNGULO, CÍRCULO

OS CONTORNOS DAS PLACAS ABAIXO DÃO IDEIA DE TRÊS FIGURAS BASTANTE CONHECIDAS.

FOTOS: REPRODUÇÃO/ARQUIVO DA EDITORA

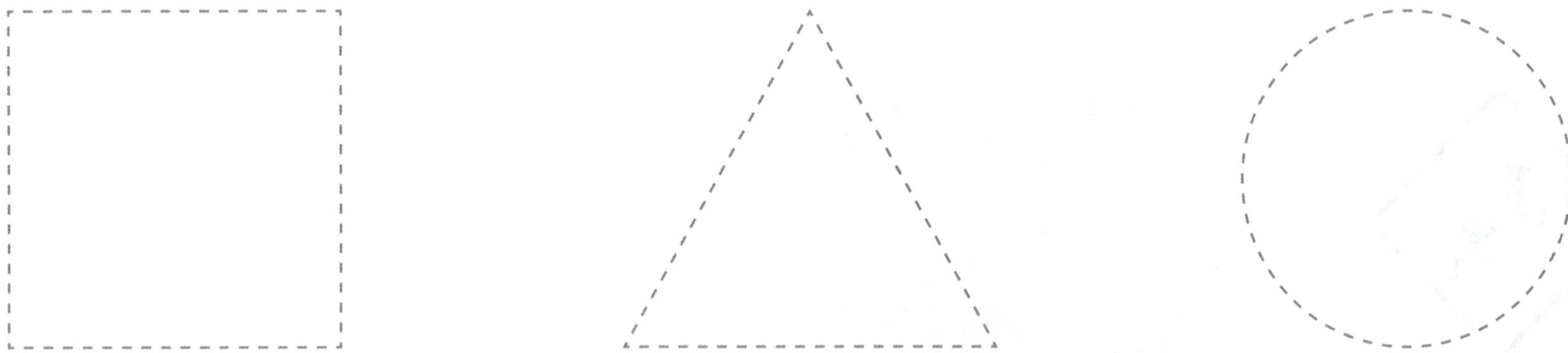

AS IMAGENS DESTA PÁGINA NÃO ESTÃO REPRESENTADAS EM PROPORÇÃO.

- CUBRA AS LINHAS TRACEJADAS PARA OBTER ESSES CONTORNOS.
- QUANTAS PONTAS TEM O TRIÂNGULO?
- QUANTAS PONTAS TEM O QUADRADO?
- E O CÍRCULO, TEM PONTAS?

MESMO SENTIDO E SENTIDO CONTRÁRIO

- PINTE DE UMA COR OS VEÍCULOS QUE ESTÃO TRAFEGANDO NO MESMO SENTIDO DA SETA.
- PINTE DE OUTRA COR AS CRIANÇAS QUE ESTÃO CORRENDO EM SENTIDO CONTRÁRIO AO DA SETA.

ATRÁS DO CAMINHÃO

- VAMOS COLORIR:

COR DO CAMINHÃO

COR DO PRIMEIRO CARRO ATRÁS DO CAMINHÃO

COR DO ÚLTIMO CARRO

COR DO CARRO QUE ESTÁ ENTRE O AZUL E O CINZA

- CONTE E REGISTRE:

NÚMERO DE CAMINHÕES NA CENA

NÚMERO DE CARROS NA CENA

NÚMERO TOTAL DE VEÍCULOS

NÚMERO DE CARROS ATRÁS DO CARRO VERDE

ATENÇÃO À CADEIRINHA!

LUGAR DE CRIANÇA É NO BANCO DE TRÁS DO VEÍCULO, NA CADEIRINHA E COM O CINTO DE SEGURANÇA ATADO!

- PINTE A CENA QUE MOSTRA A ATITUDE CORRETA NO TRÂNSITO.

RUAS ESTREITAS E RUAS LARGAS

- OBSERVE AS IMAGENS E IDENTIFIQUE A RUA LARGA E A RUA ESTREITA.

- PINTE A RUA LARGA DE ______.
- PINTE A RUA ESTREITA DE ______.

MINHA SALA DE AULA

- OBSERVE A SALA DE AULA DE SOFIA. DIGA O NOME DE TODOS OS OBJETOS QUE APARECEM NELA.

- QUE OBJETOS SUA SALA DE AULA E A SALA DE AULA DE SOFIA TÊM EM COMUM?
- CONSTRUA, COM OS COLEGAS, UM PAINEL COM O NOME DE ALGUNS DESSES OBJETOS.

MINHA TURMA - ENCONTRE NOSSOS NOMES...

- CONTORNE O NOME DE **LIA** E DE **SOFIA** NA LISTA DE NOMES DA TURMA.

LISTA DE NOMES

ANA

BETO

BRUNO

CAUÃ

LIA

MANUELA

SOFIA

VAMOS MEDIR?

COM A MÃO BEM ABERTA, DA PONTA DO DEDO MINDINHO ATÉ A PONTA DO POLEGAR TEMOS UM PALMO.

- CONTE QUANTOS PALMOS TEM O COMPRIMENTO DE SUA MESA.

- QUANTOS PALMOS TEM A LARGURA DA PORTA DE SUA SALA DE AULA?

- QUAL É MAIOR: A MEDIDA DO COMPRIMENTO DE SUA MESA OU A MEDIDA DA LARGURA DA PORTA? FAÇA UM **X**.

MATERIAL ESCOLAR

- PINTE DE O NOME QUE COMEÇA COM A LETRA **A**.
- PINTE DE OS NOMES QUE TERMINAM COM A LETRA **A**.

AS IMAGENS DESTA PÁGINA NÃO ESTÃO REPRESENTADAS EM PROPORÇÃO.

AARROWS/SHUTTERSTOCK/ GLOW IMAGES

CHARLES BRUTLAG/ SHUTTERSTOCK/GLOW IMAGES

FORSTER FOREST/ SHUTTERSTOCK/GLOW IMAGES

GELPI JM/SHUTTERSTOCK/ GLOW IMAGES

MASSINHA	COLA	TINTA	APONTADOR

- DESENHE OUTRO MATERIAL ESCOLAR QUE VOCÊ UTILIZA E ESCREVA O NOME DELE.

VAMOS FORMAR PALAVRAS?

- COM A AJUDA DO PROFESSOR, COLOQUE OS QUADRINHOS NA ORDEM CORRETA PARA FORMAR O NOME DAS FIGURAS.

NE | CA | TA

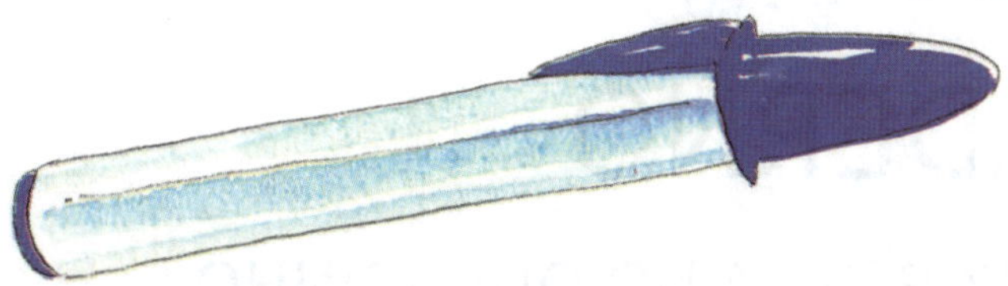

LA | CO

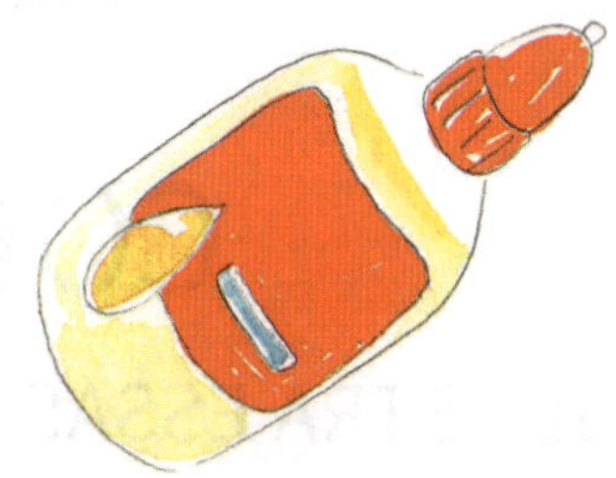

- AGORA, FORME UMA NOVA PALAVRA COM ESTES QUADRINHOS.

TA

LA

ENCONTRE AS PALAVRAS

- OBSERVE O NOME DE ALGUNS MATERIAIS QUE MANUELA LEVA PARA A ESCOLA.

COLA

CADERNO

- COM QUE LETRA ESSAS PALAVRAS SE INICIAM? ESCREVA-A NO QUADRINHO.
- AGORA, OBSERVE O QUADRO DE LETRAS ABAIXO.
- ENCONTRE E PINTE AS PALAVRAS **COLA** E **CADERNO**.

T	Y	U	C	O	L	A
D	P	L	A	L	P	A
E	T	U	D	A	D	W
P	A	T	Ç	A	E	D
C	A	D	E	R	N	O

MEUS LÁPIS DE COR

- CONTE A QUANTIDADE DE LÁPIS DE CADA CAIXA. LIGUE CADA CAIXA AO NÚMERO CORRESPONDENTE.

0 1 2 3 4 5 6 7 8 9 10

MEDINDO COM CLIPES

CAUÃ ESTÁ MEDINDO OS LÁPIS DE COR DELE COM CLIPES. VAMOS AJUDÁ-LO?

- MARQUE COM UM **X** O LÁPIS MAIS COMPRIDO.
- CONTORNE O LÁPIS MAIS CURTO.
- ESCREVA NOS QUADRINHOS AS MEDIDAS ENCONTRADAS.

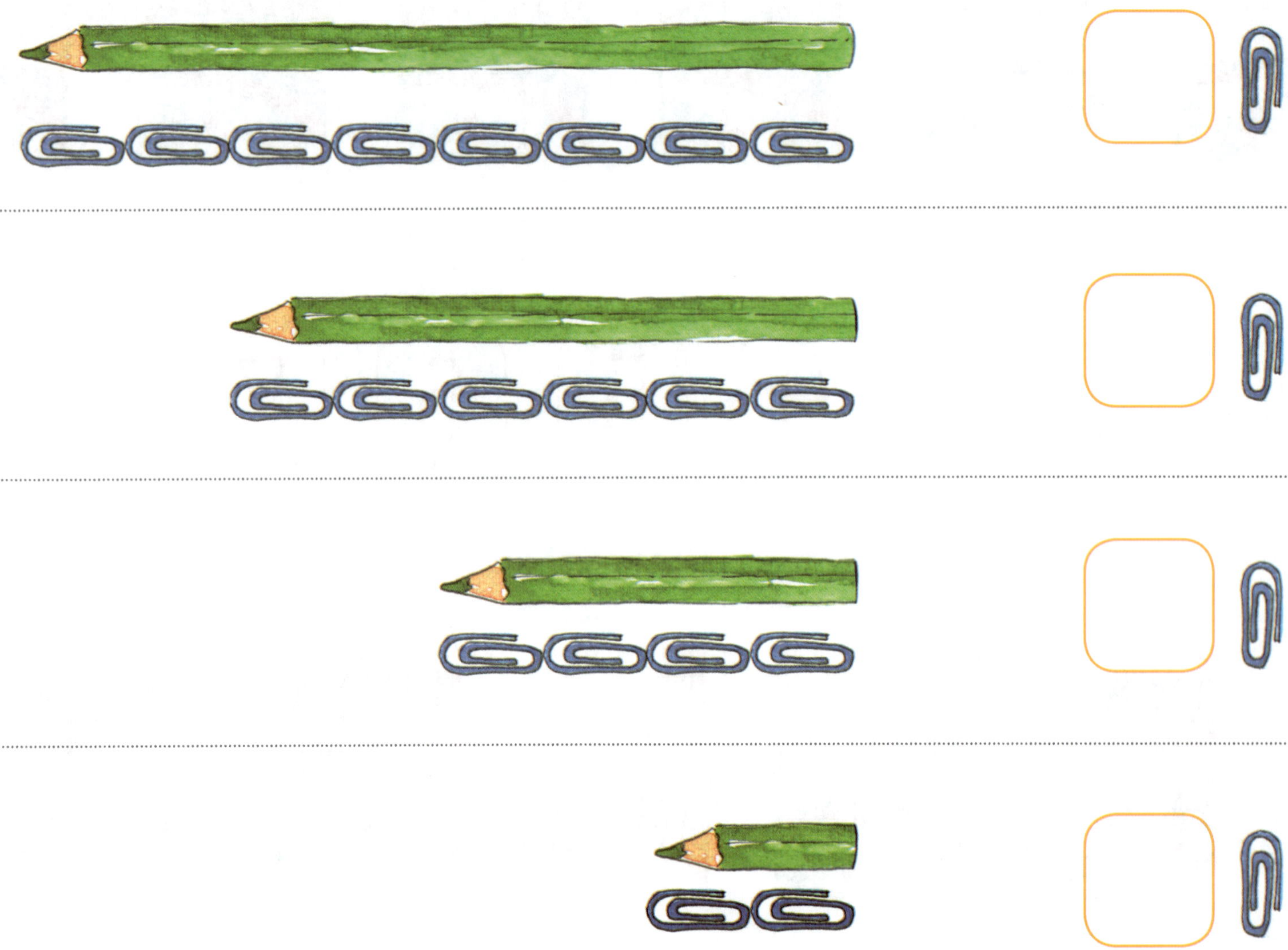

VAMOS BRINCAR?

MATERIAL DE APOIO

- DESTAQUE AS FIGURAS DA PÁGINA 39 E COLE OS DESENHOS DOS OBJETOS NOS LUGARES CORRETOS.

O QUE É, O QUE É?
QUEM DE MIM SE SERVIR
E MINHAS FOLHAS VIRAR
EM LINDAS HISTÓRIAS
COM CERTEZA VAI VIAJAR.

O QUE É, O QUE É?
POR FORA MADEIRA
POR DENTRO CARVÃO.
QUANDO DESENHA
ESTÁ NA SUA MÃO.

ADIVINHAS E TRAVA-LÍNGUAS.
SÃO PAULO: CARAMELO, 2009.

L		V	R	O

L	Á	P		S

- COMPLETE AS PALAVRAS COM A LETRA **I**.
- COM QUE LETRA AS PALAVRAS SE INICIAM? ☐

7 (SETE), 8 (OITO) E 9 (NOVE)

MATERIAL DE APOIO

- DESTAQUE AS FICHAS DA **PÁGINA 39** E COLE CADA UMA NO LUGAR CORRETO DE ACORDO COM AS QUANTIDADES.

7 (SETE)	9 (NOVE)	8 (OITO)
7 (SETE)	8 (OITO)	9 (NOVE)

PARA CADA FORMA, UMA COR

• OBSERVE AS QUATRO FORMAS E A COR DE CADA UMA.

• USE AS MESMAS CORES DAS FORMAS E PINTE AS FIGURAS ABAIXO.

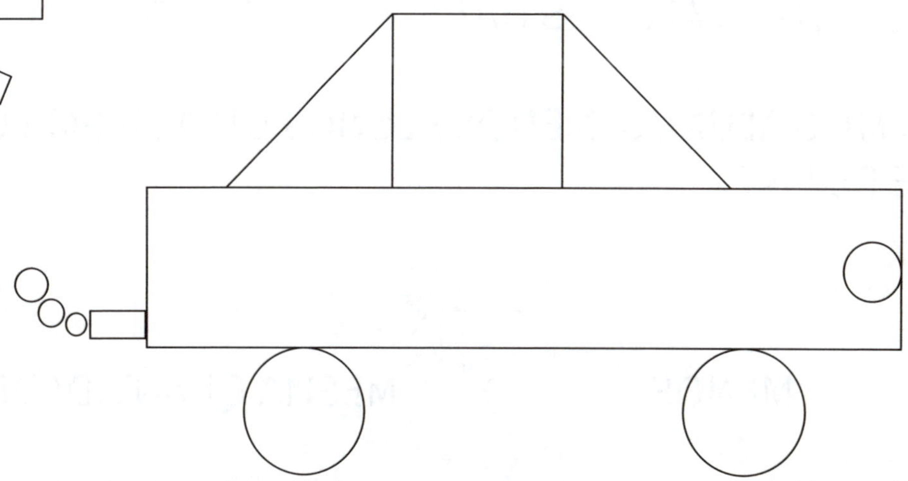

COLEGAS DA ESCOLA

- OBSERVE AS CRIANÇAS DA CLASSE DE LIA.

- QUANTOS ALUNOS HÁ NA CLASSE DE LIA? ☐ ALUNOS.

- E NA SUA CLASSE, QUANTOS ALUNOS HÁ? ☐ ALUNOS.

- NA SUA CLASSE HÁ MAIS ALUNOS, MENOS ALUNOS OU A MESMA QUANTIDADE DO QUE NA CLASSE DE LIA?

  MARQUE COM UM **X**.

☐ MAIS ☐ MENOS ☐ MESMA QUANTIDADE

- SE CHEGAREM MAIS DOIS ALUNOS NA CLASSE DE LIA, QUANTOS ALUNOS SERÃO? ☐ ALUNOS.

BIBI COMPARTILHA SUAS COISAS

MATERIAL DE APOIO

- OUÇA A HISTÓRIA.
- DESTAQUE AS CENAS DA **PÁGINA 41** E COLE-AS NA SEQUÊNCIA EM QUE ACONTECEM NA HISTÓRIA.

1

2

3

4

5

VAMOS FAZER ARTE!

• CANTE ESTA CANÇÃO COM O PROFESSOR E DIVIRTA-SE.

BOLHA *BLUES*

BOLHA DE AR
BOLHA DE SABÃO
BOLHA NO PLÁSTICO
BOLHA NO DEDÃO
[...]

A TURMA DO TIKUNTÁ (CD), DE LEONARDO LOIS E JANAÍNA RITA. DECKDISC, 2014.

• CONTORNE A PALAVRA **BOLHA** NA LETRA DA CANÇÃO.

• AGORA, CONTINUE O DESENHO E FAÇA SUAS PRÓPRIAS BOLHAS.

SUGESTÃO DE DVD

REPRODUÇÃO/ARQUIVO DA EDITORA

A TURMA DO TIKUNTÁ, DE LEONARDO LOIS E JANAÍNA RITA. DECKDISC, 2014.

PRATICAR ESPORTES, FAZER AMIGOS

- OBSERVE OS ESPORTES QUE BRUNO, LIA E BETO MAIS APRECIAM.
- CONVERSE COM OS COLEGAS SOBRE O NOME DESTAS PRÁTICAS ESPORTIVAS. CONTE A ELES SE VOCÊ GOSTA OU NÃO DE PRATICAR ESPORTES.

- DESENHE UM OBJETO DE QUE VOCÊ PRECISA PARA PRATICAR SEU ESPORTE FAVORITO.

AMIZADE NA ESCOLA

A ESCOLA É UM LUGAR PARA APRENDER A LER, ESCREVER, OUVIR E CONTAR HISTÓRIAS.
É TAMBÉM UM LUGAR PARA BRINCAR, DESENHAR, PINTAR E FAZER AMIGOS.
BRUNO VAI TOMAR LANCHE AO LADO DE UM AMIGO DA ESCOLA.

- OUÇA AS DICAS QUE O PROFESSOR VAI LER SOBRE O AMIGO DE BRUNO.
  1. A CAMISA DELE É AZUL.
  2. ELE USA UMA CALÇA QUE NÃO É MARROM.

- AGORA, LIGUE BRUNO AO AMIGO.

BRINCADEIRAS COM OS COLEGAS

ESTAS SÃO ALGUMAS BRINCADEIRAS MUITO POPULARES.

- VOCÊ CONHECE TODAS ELAS?

- CONTORNE SUA BRINCADEIRA FAVORITA.
- CONTE AOS COLEGAS DE CLASSE COMO SÃO AS REGRAS DE SUA BRINCADEIRA PREFERIDA.

É MUITO IMPORTANTE COLABORAR

CONSERVAR O MATERIAL, OS OBJETOS E OS AMBIENTES DA ESCOLA É DEVER DE TODOS.

- E VOCÊ, COSTUMA COLABORAR COM A LIMPEZA DA SALA DE AULA E DO PÁTIO DA ESCOLA?
- ANALISE CADA CENA COM OS COLEGAS DE CLASSE E DESCUBRAM O QUE ELA ESTÁ MOSTRANDO.

- DESENHE  NAS ATITUDES QUE VOCÊ JULGA CORRETAS.
- DESENHE  NAS ATITUDES QUE VOCÊ JULGA INCORRETAS.

PESSOAS QUE TRABALHAM NA ESCOLA

MATERIAL DE APOIO

- DESTAQUE AS CENAS DA **PÁGINA 43** E COLE-AS NOS RESPECTIVOS ESPAÇOS.
- DEPOIS, CONVERSE COM OS COLEGAS SOBRE CADA UMA DELAS.

PORTEIRO

MERENDEIRA

PROFESSORA

SECRETÁRIA

A BIBLIOTECA

- ACOMPANHE A LEITURA DO PROFESSOR.

EU LI E AGORA NÃO ME LIVRO
DAS HISTÓRIAS DESTE LIVRO.

EU SOU MAIS EU, DE ELIAS JOSÉ.
SÃO PAULO: PAULUS, 2010. (LER BRINCANDO).

- CONTE PARA OS COLEGAS UMA HISTÓRIA QUE VOCÊ CONHECE E DE QUE GOSTA MUITO.
- DESENHE UM DOS PERSONAGENS DE SUA HISTÓRIA PREFERIDA.

- COM QUE LETRA COMEÇA O NOME DESSE PERSONAGEM?

COMO FOI O TEMPO NA SEMANA?

- OBSERVE ESTES SÍMBOLOS. O QUE ELES REPRESENTAM?

- AGORA, VEJA NA TABELA COMO FOI O TEMPO NA SEMANA PASSADA.

DOMINGO			
SEGUNDA-FEIRA			
TERÇA-FEIRA			
QUARTA-FEIRA			
QUINTA-FEIRA			
SEXTA-FEIRA			
SÁBADO			

- CONTE E REGISTRE:

EM QUANTOS DIAS FEZ SOL? ☐

EM QUANTOS DIAS CHOVEU? ☐

QUANTOS DIAS FICARAM NUBLADOS? ☐

QUANTOS DIAS HÁ NA SEMANA? ☐

O QUE ACONTECE FORA DA ESCOLA?

VOCÊ SERÁ UM DOS AUTORES DESTA HISTÓRIA.

- IMAGINE O QUE CAUÃ ESTÁ VENDO ATRÁS DO MURO DA ESCOLA.
- CRIE UMA HISTÓRIA PARA ESTA CENA COM A AJUDA DOS COLEGAS DE SALA.

- DESENHE A HISTÓRIA CRIADA POR VOCÊS E COMPLETE A CENA.

ATÉ AMANHÃ!

MATERIAL DE APOIO

- DESTAQUE AS CENAS DA **PÁGINA 45** E COLE-AS NA SEQUÊNCIA CORRETA.

UNIDADE 4

TODAS AS COISAS TÊM NOME... NA NATUREZA

A NATUREZA

A NATUREZA É FORMADA POR MUITOS ELEMENTOS.

AS IMAGENS DESTA PÁGINA NÃO ESTÃO REPRESENTADAS EM PROPORÇÃO.

UMB-O/SHUTTERSTOCK

SOL COM NUVENS

DEREKYANG/SHUTTERSTOCK

MONTANHA COM CACHOEIRA

RISTESKI GOCE/SHUTTERSTOCK

ANIMAIS

EDMUND LOWE PHOTOGRAPHY/SHUTTERSTOCK

FLORESTA COM RIO

JOHN PANELLA/SHUTTERSTOCK

LUA COM ESTRELAS

JETKAT/SHUTTERSTOCK

MAR

EWAIS/SHUTTERSTOCK

FRUTAS

AFRICA STUDIO/SHUTTERSTOCK

LEGUMES

ALFONSO DE TOMAS/SHUTTERSTOCK

FLORES

ALFONSO DE TOMAS/SHUTTERSTOCK

PESSOAS

- CONVERSE COM OS COLEGAS SOBRE O QUE VOCÊ VÊ NAS FOTOS.

AS CORES DO ARCO-ÍRIS

- ACOMPANHE A LEITURA DO PROFESSOR.

SINAL

VI UM GRANDE ARCO-ÍRIS
UM SINAL VINDO DOS CÉUS
UM MANTO DE SETE CORES
QUE A CHUVA USA COMO VÉU.

NA TERRA E NO CÉU, DE NANA TOLEDO. 2. ED. BLUMENAU: VALE DAS LETRAS, 2009. (POEMINHAS ECOLÓGICOS).

BOGDAN IONESCU/SHUTTERSTOCK

- OBSERVE AS CORES DO ARCO-ÍRIS.

VERMELHO
LARANJA
AMARELO
VERDE
AZUL
ANIL
VIOLETA

- CONTORNE AS VOGAIS QUE APARECEM NO NOME DESSAS CORES.
- DEPOIS, ESCREVA AS VOGAIS NOS QUADRINHOS ABAIXO.

AS CORES DO ARCO-ÍRIS NAS FLORES

• LIGUE AS FLORES ÀS SUAS CORES.

AS IMAGENS DESTA PÁGINA NÃO ESTÃO REPRESENTADAS EM PROPORÇÃO.

SEROFF/SHUTTERSTOCK

HORTÊNSIA

TAMARA KULIKOVA/SHUTTERSTOCK

VIOLETA

LANKS/SHUTTERSTOCK

ROSA

COLOA STUDIO/SHUTTERSTOCK

GÉRBERA

COLOA STUDIO/SHUTTERSTOCK

CRISÂNTEMO

CAMEILIA/SHUTTERSTOCK

ORQUÍDEA

DE2MARCO/SHUTTERSTOCK

ESCOVINHA

VERMELHO

LARANJA

AMARELO

VERDE

AZUL

ANIL

VIOLETA

COR FAVORITA

A PROFESSORA PERGUNTOU PARA SOFIA, BETO, MANUELA, CAUÃ, BRUNO, LIA E ANA QUAL ERA A COR FAVORITA DE CADA UM DELES: VERMELHO, AZUL OU AMARELO? AS RESPOSTAS FORAM COLOCADAS EM TRÊS COLUNAS. CADA QUADRADO REPRESENTA UM VOTO.

- QUAL COR FOI MAIS ESCOLHIDA?
- QUAL COR FOI MENOS ESCOLHIDA?
- QUANTOS VOTOS TEVE A COR AZUL?
- QUAL FOI O TOTAL DE VOTOS?
- QUANTOS VOTOS A COR AZUL RECEBEU A MAIS QUE A COR AMARELA?

CRIAR E COLORIR

FLORES ABSTRATAS É O NOME DESTA OBRA DE ARTE DE KARLA GERARD.

KARLA GERARD/COLEÇÃO PARTICULAR

FLORES ABSTRATAS, DE KARLA GERARD, 2010.
ACRÍLICO SOBRE TELA, 24 cm × 12 cm.

- OBSERVE A PINTURA E INSPIRE-SE NELA PARA CRIAR COM OS COLEGAS UMA PINTURA COLETIVA.

HORA DA BRINCADEIRA

CANTE COM ATENÇÃO!

- CANTE A CANÇÃO E DIVIRTA-SE!

A ÁRVORE DA MONTANHA

A ÁRVORE DA MONTANHA
O LÊ, IA, IÔ
A ÁRVORE DA MONTANHA
O LÊ, IA, IÔ
[...]

CANÇÃO POPULAR.

MATERIAL DE APOIO

- DESTAQUE AS FIGURAS DA **PÁGINA 45** E COLE-AS NA ÁRVORE.
- PINTE DE ______ AS PALAVRAS QUE INICIAM COM VOGAIS.

GALHO	FOLHA	NINHO
OVO	AVE	

QUEM CUIDA DO JARDIM?

- ACOMPANHE A LEITURA DO PROFESSOR.

O JARDINEIRO

ORQUÍDEAS, GIRASSÓIS E MARGARIDAS,
PERPÉTUAS, AMARÍLIS E HORTÊNSIAS
SÃO FLORES BEM CUIDADAS, COLORIDAS,
TRATADAS COM A MAIOR DAS PACIÊNCIAS.

DE TRAÇOS BELOS, RAROS E PRECIOSOS,
É UM QUADRO PERFUMADO ESSE JARDIM.
HÁ LÍRIOS, ROSAS, DÁLIAS E NARCISOS,
BEGÔNIAS, BUGANVÍLIAS E UM JASMIM.
[...]

CERTOS NOMES, DE MARCELO RIBEIRO LEITE DE OLIVEIRA. BELO HORIZONTE: RHJ, 2008.

- VOCÊ SABE O NOME DO PROFISSIONAL QUE CUIDA DE UM JARDIM?
- OBSERVE OS QUATRO PROFISSIONAIS ABAIXO. CONTORNE O JARDINEIRO.

MÉDICA

BOMBEIRO

MOTORISTA

JARDINEIRO

EU E MEU CORPO

ANA COMEÇOU A FAZER O DESENHO DE UMA CRIANÇA.
NO DESENHO VOCÊ JÁ PODE PERCEBER VÁRIAS PARTES DO CORPO HUMANO.

- CANTE A CANTIGA A SEGUIR COM O PROFESSOR, IDENTIFICANDO ALGUMAS PARTES DE SEU CORPO.

CABEÇA, OMBRO, JOELHO E PÉ

CABEÇA, OMBRO, JOELHO E PÉ
JOELHO E PÉ.
CABEÇA, OMBRO, JOELHO E PÉ
JOELHO E PÉ.
OLHOS, ORELHAS, BOCA E NARIZ
CABEÇA, OMBRO, JOELHO E PÉ
JOELHO E PÉ.

CANTIGA POPULAR.

- COMPLETE O DESENHO DE ANA COM O QUE FALTA: OLHOS, NARIZ, BOCA, CABELO E ORELHAS. DEPOIS, PINTE DE ACORDO COM AS CORES DA LEGENDA.

A CABEÇA

AS PERNAS

OS BRAÇOS

O TRONCO

QUANTOS SÃO?

VAMOS CONTAR AS PARTES DO CORPO?

- OBSERVE SEU CORPO E ESCREVA O NÚMERO CORRESPONDENTE A CADA PARTE DELE NOS QUADRINHOS.

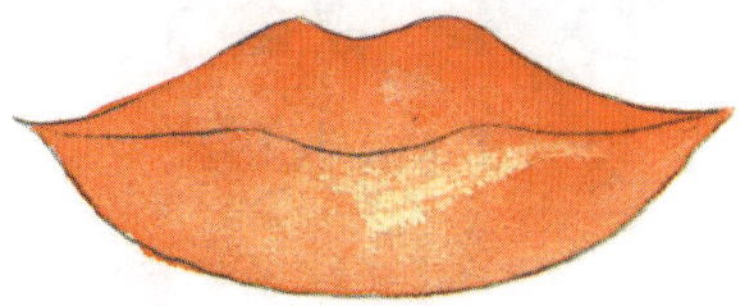

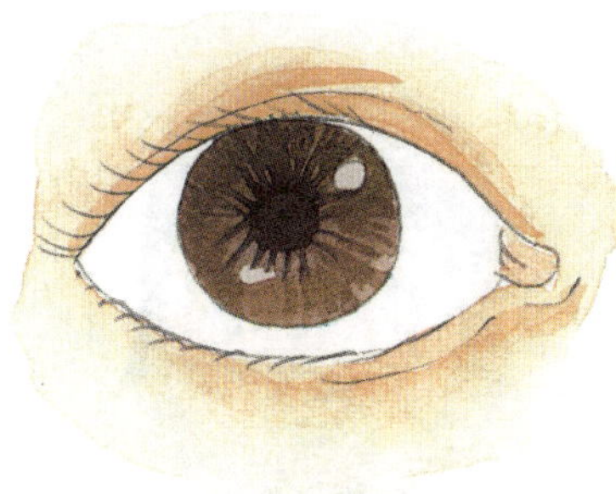

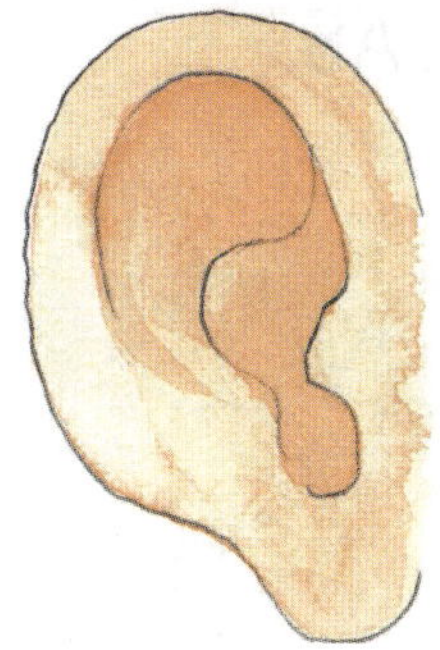

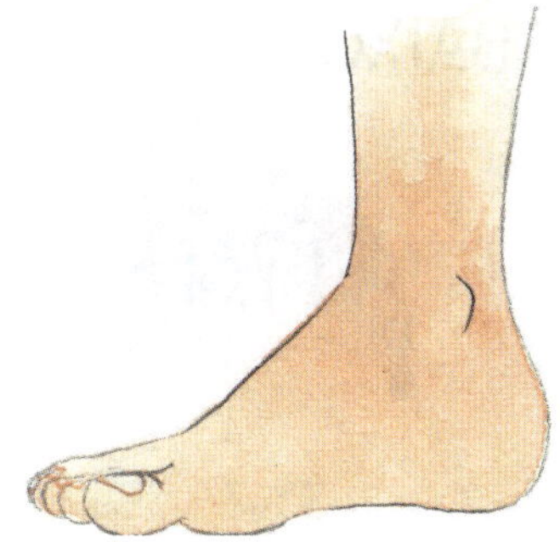

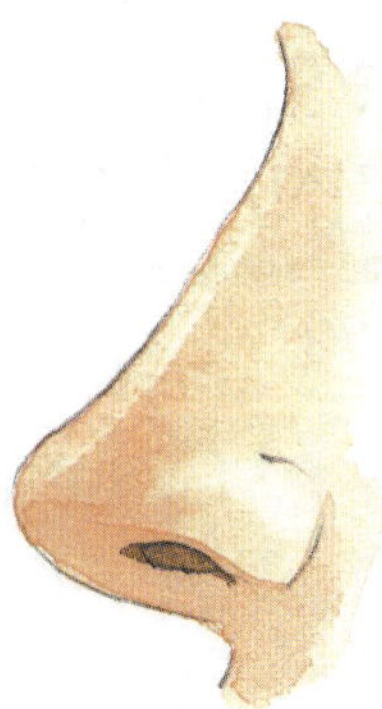

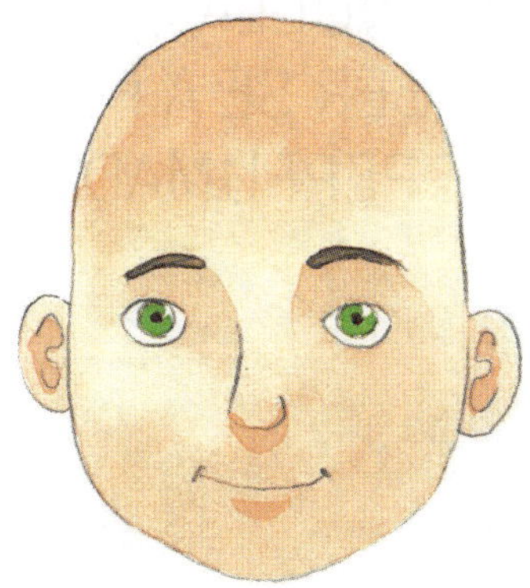

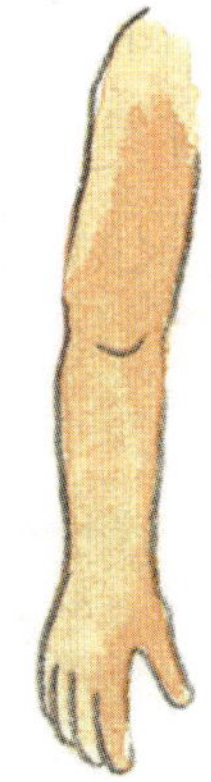

- PINTE DA MESMA COR OS QUADRINHOS QUE TÊM O MESMO NÚMERO DE PARTES DO CORPO.

QUE ÓRGÃOS DOS SENTIDOS AS CRIANÇAS VÃO USAR?

- OBSERVE AS IMAGENS ENQUANTO O PROFESSOR LÊ O QUE ESTÁ ESCRITO ABAIXO DE CADA UMA DELAS.

WIKTORD/SHUTTERSTOCK

LIA QUER SABER QUAL É A MAÇÃ VERMELHA.

DATTENFELD/SHUTTERSTOCK

MANUELA QUER SABER SE A FLOR É PERFUMADA.

5/SHUTTERSTOCK

ANA QUER SABER SE O TECIDO DA TOALHA É MACIO.

AKV/SHUTTERSTOCK

BRUNO QUER SABER SE O SOM DA BUZINA É ALTO.

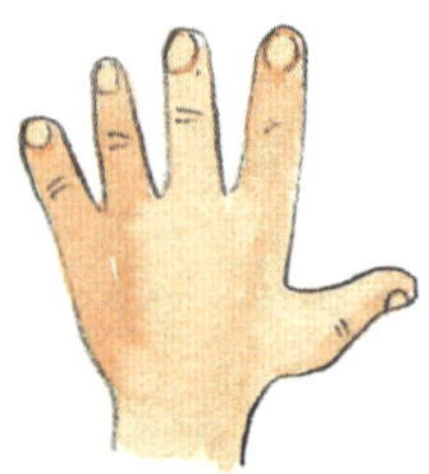
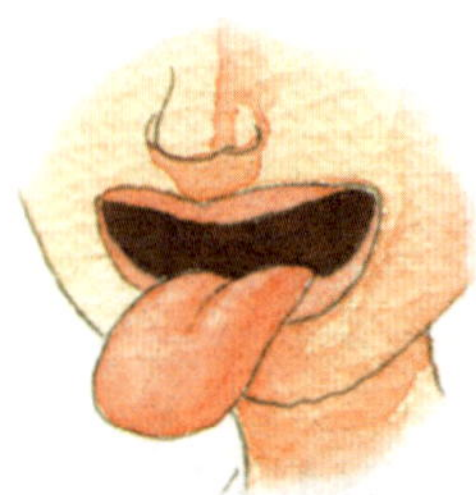
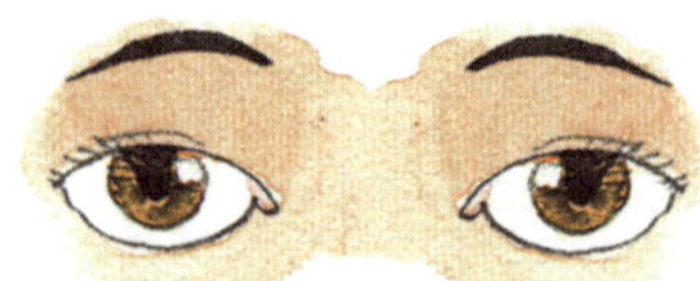
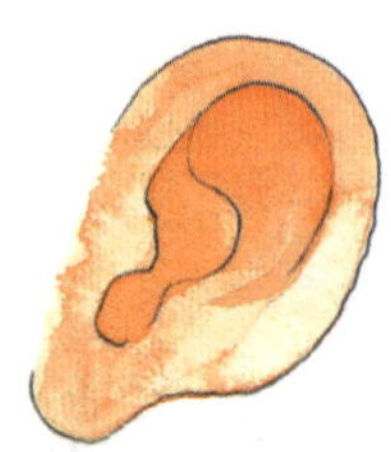
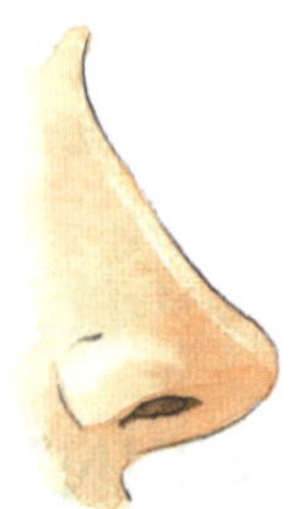

- LIGUE O ÓRGÃO DO SENTIDO À RESPECTIVA AÇÃO DE CADA CRIANÇA.

MACIO OU ÁSPERO?

- COMO VOCÊ PODE SABER SE ALGO É MACIO OU ÁSPERO?
- COLE ALGODÃO EM UM DOS QUADROS ABAIXO E AREIA NO OUTRO.

ALGODÃO	AREIA

- CONTORNE A PARTE DO CORPO QUE VOCÊ USOU PARA SENTIR O QUE É MACIO E O QUE É ÁSPERO.

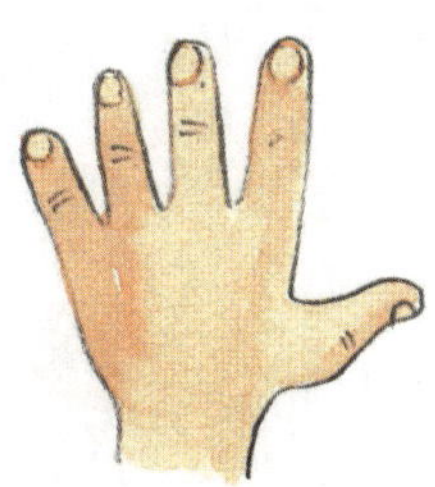
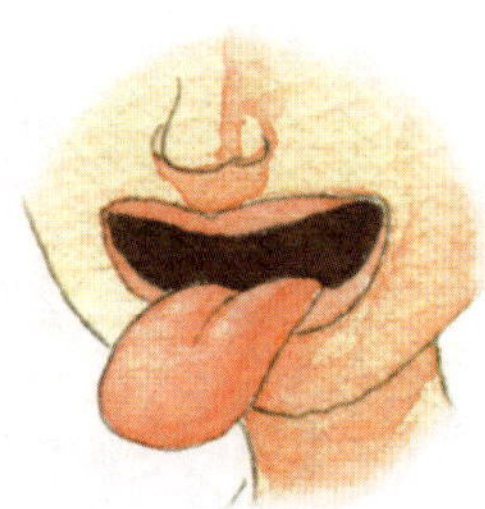
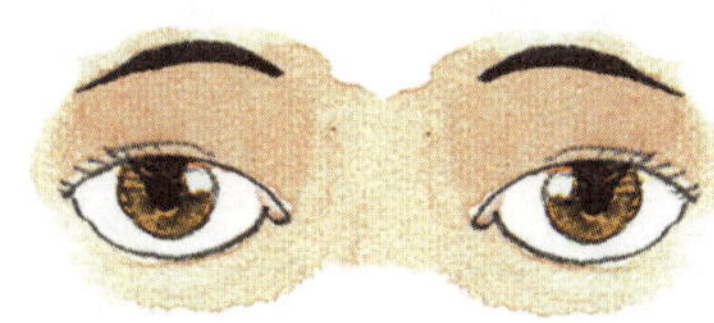
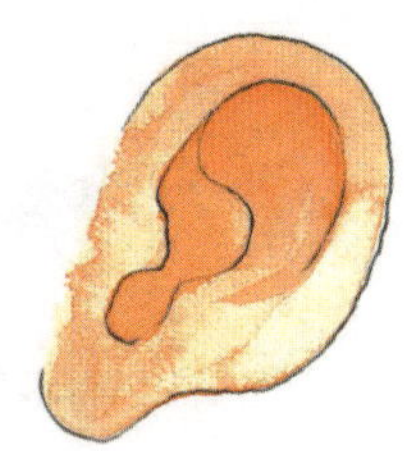
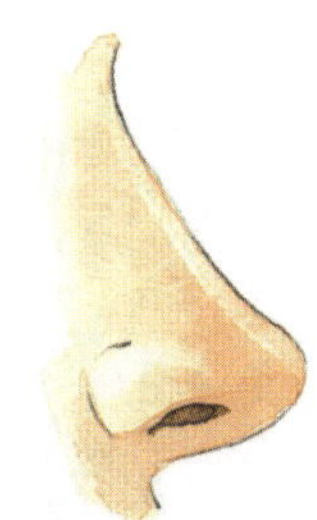

BARULHENTO OU SILENCIOSO?

- COMO VOCÊ ACHA QUE DEVE SER O SOM PRODUZIDO POR ESTES OBJETOS?

AS IMAGENS DESTA PÁGINA NÃO ESTÃO REPRESENTADAS EM PROPORÇÃO.

LUISMA TAPIA/SHUTTERSTOCK

NITO/SHUTTERSTOCK

SEBASTIAN RADU/SHUTTERSTOCK

IKUVSHINOV/SHUTTERSTOCK

- MARQUE COM UM **X** O OBJETO QUE FAZ MAIS BARULHO AO SER USADO.
- CONTORNE A PARTE DO CORPO QUE NOS PERMITE SABER SE ALGUMA COISA É BARULHENTA OU SILENCIOSA.

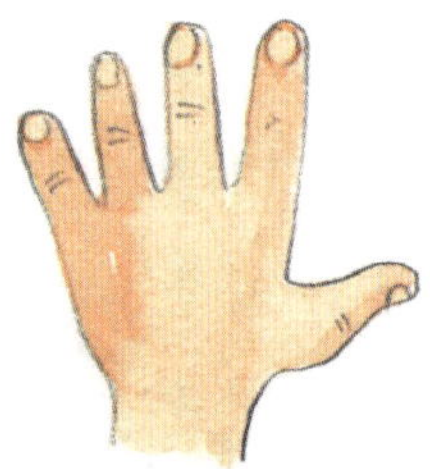
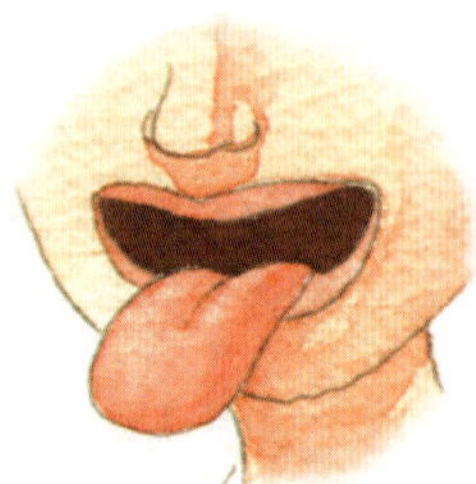
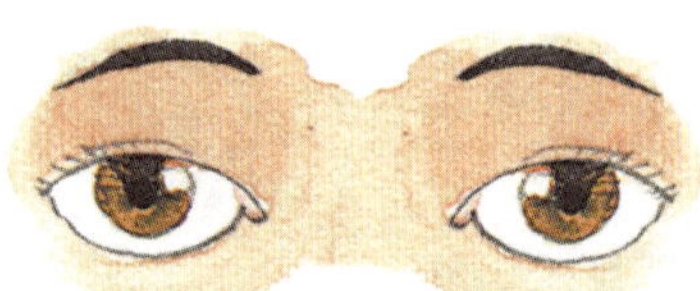
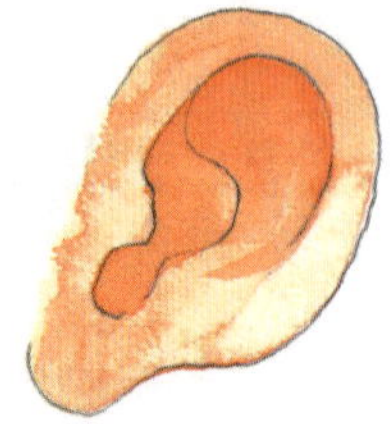
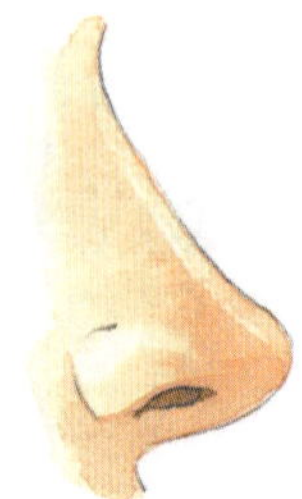

DOCE OU SALGADO?

OS ALIMENTOS TÊM SABOR.
NOS QUADROS ABAIXO VOCÊ VAI ORGANIZAR OS ALIMENTOS EM **DOCES** E **SALGADOS**.

- RECORTE IMAGENS DE ALIMENTOS DOCES E DE ALIMENTOS SALGADOS DE REVISTAS OU FOLHETOS DE SUPERMERCADO. COLE CADA ALIMENTO NO RESPECTIVO QUADRO.

DOCE	SALGADO

- DESENHE UM ALIMENTO DOCE E UM SALGADO DE QUE VOCÊ GOSTA.

- QUAL É O NOME DESSES ALIMENTOS?

FRUTOS DO BRASIL

- VOCÊ CONHECE ALGUNS DESTES FRUTOS? SABE QUAL É A ORIGEM DELES?

AS IMAGENS DESTA PÁGINA NÃO ESTÃO REPRESENTADAS EM PROPORÇÃO.

FABIO COLOMBINI/ACERVO DO FOTÓGRAFO

GUARANÁ

ROGÉRIO REIS/PULSAR IMAGENS

CASTANHA-DO-PARÁ

PICSFIVE/SHUTTERSTOCK

COCO

IV NIKOLNY/ SHUTTERSTOCK

CAJU

- CONTORNE OS NOMES DOS FRUTOS QUE COMEÇAM COM A LETRA **C**.
- QUE OUTROS FRUTOS VOCÊ CONHECE?

O QUE É ISSO?

MATERIAL DE APOIO

- VOCÊ SABE DIZER PARA LIA O QUE É **JERIMUM**?
- DESTAQUE AS PEÇAS DA **PÁGINA 47**, MONTE O QUEBRA-CABEÇA E DESCUBRA.

JERIMUM

- COMPLETE A PALAVRA E DESCUBRA OUTRO NOME PARA **JERIMUM**.

	B	Ó	B		R	

ANA GOSTA MUITO DE FRUTAS

- CONTE E LIGUE CORRETAMENTE CADA GRUPO DE FRUTAS A UM NÚMERO.

AS IMAGENS DESTA PÁGINA NÃO ESTÃO REPRESENTADAS EM PROPORÇÃO.

9 | 10 | 11 | 12

COPRID/SHUTTERSTOCK

GRESEI/SHUTTERSTOCK

IAN 2010/SHUTTERSTOCK

TIM UR/SHUTTERSTOCK

PESQUISA SOBRE PREFERÊNCIA DE FRUTAS

- PERGUNTE A 6 COLEGAS DE QUAL FRUTA ELES MAIS GOSTAM: BANANA, LARANJA, MELANCIA OU MANGA?

- PINTE OS QUADRINHOS DE ACORDO COM O RESULTADO DA PESQUISA.
- FAÇA UM **X** NA FRUTA MENOS ESCOLHIDA.
- CONTORNE A FRUTA MAIS ESCOLHIDA.

AS IMAGENS DESTA PÁGINA NÃO ESTÃO REPRESENTADAS EM PROPORÇÃO.

VALZAN/ SHUTTERSTOCK

MAKS NARODENKO/ SHUTTERSTOCK

MAKS NARODENKO/ SHUTTERSTOCK

SVETOK30/SHUTTERSTOCK

A NATUREZA PRODUZ

• OUÇA O QUE O PROFESSOR VAI LER.

QUE ANIMAL PRODUZ O LEITE QUE BEBEMOS?

AS IMAGENS DESTA PÁGINA NÃO ESTÃO REPRESENTADAS EM PROPORÇÃO.

EVGENY KARANDAEV/SHUTTERSTOCK

→

ERIC ISSELEE/SHUTTERSTOCK

S_OLEG/SHUTTERSTOCK

DE ONDE É RETIRADO O SAL QUE USAMOS PARA PREPARAR NOSSA COMIDA?

SERGIO DOTTA JR./ARQUIVO DA EDITORA

→

MAGMAC83/SHUTTERSTOCK

IAKOV FILIMONOV/SHUTTERSTOCK

QUE ANIMAL PRODUZ O MEL, QUE TORNA OS ALIMENTOS MAIS DOCES?

YURI SAMSONOV/SHUTTERSTOCK

→

PETER WATERS/ SHUTTERSTOCK

BOULE/SHUTTERSTOCK

• CONTORNE AS RESPOSTAS CORRETAS E, DEPOIS, CONVERSE COM OS COLEGAS SOBRE ESSE ASSUNTO.

O COMÉRCIO

- ACOMPANHE A LEITURA DO PROFESSOR.

A VENDA DO SEU CHICO

A VENDA DO SEU CHICO TEM DE TUDO:
DESDE RENDA ATÉ PENICO.
TEM ARROZ, FEIJÃO, CARNE DE SOL,
BOTA PARA PEÃO, LENÇOL, SEMENTE DE GIRASSOL.
[...]

PERA, UVA, MAÇÃ?, DE ROSEANA MURRAY. SÃO PAULO: SCIPIONE, 2005. (CRISÁLIDA – POESIA).

- LIGUE AS FOTOGRAFIAS AOS NOMES.

JOSÉ BASSIT/PULSAR IMAGENS

SERGIO RANALLI/PULSAR IMAGENS

RRRAINBOW/SHUTTERSTOCK

SUPERMERCADO | FEIRA | VENDA

MATERIAL DE APOIO

- DESTAQUE AS FIGURAS DA **PÁGINA 49** E COLE-AS NA SEQUÊNCIA CORRETA.
- DEPOIS, RESPONDA À QUESTÃO: DE ONDE VEM O AÇÚCAR?

NA NATUREZA EXISTEM MUITOS ANIMAIS...

... E ALGUNS SÃO MUITO GRANDES!

- VEJA AS IMAGENS DO RINOCERONTE E DO ELEFANTE.

AS IMAGENS DESTA PÁGINA NÃO ESTÃO REPRESENTADAS EM PROPORÇÃO.

ERIC ISSELEE/ SHUTTERSTOCK

R	I	N	O	C	E	R	O	N	T	E

SENHOR ELEFANTE
É MUITO TROMBUDO.
É POUCO ELEGANTE,
É MUITO ORELHUDO.

AUTOR DESCONHECIDO.

TALVI/SHUTTERSTOCK

E	L	E	F	A	N	T	E

- EM QUE ESSES ANIMAIS SE PARECEM?
- EM QUE ELES SÃO DIFERENTES?
- PINTE AS VOGAIS QUE APARECEM NO NOME DOS DOIS ANIMAIS.

ELES VIVEM NO MAR

- VOCÊ CONHECE ESTES HABITANTES DO MAR?

BALEIA

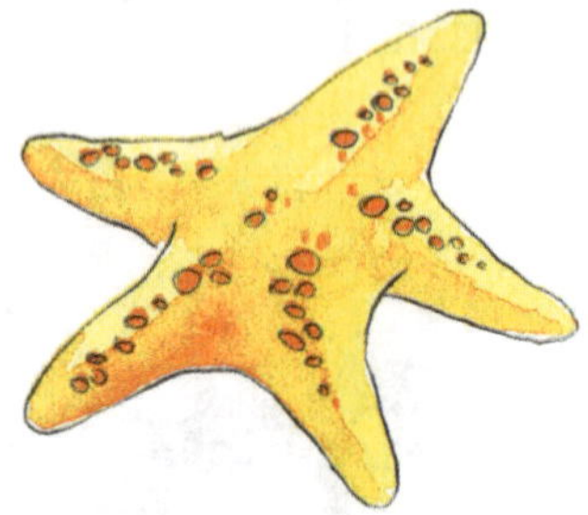

ESTRELA-DO-MAR

POLVO

TUBARÃO

CARANGUEJO

TARTARUGA

- PINTE OS NOMES DOS ANIMAIS QUE COMEÇAM COM A MESMA LETRA.
- ESCREVA ESSA LETRA NO QUADRO. ☐
- ESCREVAM, COLETIVAMENTE, NOMES DE OUTROS ANIMAIS QUE COMEÇAM COM A LETRA **T**.

DESAFIO

- COMPLETE O NOME DOS ANIMAIS COM AS LETRAS QUE FALTAM E DESCUBRA A RESPOSTA DA ADIVINHA.

O QUE É, O QUE É?
O URUBU TEM TRÊS.
O URSO TEM UMA.

ADIVINHA POPULAR.

	R	S	O

	R		B	

VIDA DE BICHO...

- ACOMPANHE A LEITURA DO PROFESSOR E CANTE ESTA CANÇÃO.

VIDA DE BICHO

VIDA DE BICHO É MESMO MUITO BOA,
O PATO NADA ALEGRE NA LAGOA.
PASSARINHO VOA LIVRE LÁ NO CÉU, NO AR,
BALEIA MERGULHA NO MAR!

CADA UM TEM SEU LUGAR:
VOCÊ NA SUA CASA,
EU NA MINHA CASA,
E O BICHO NO SEU *HABITAT*!

NA SELVA, NO OCEANO, NO DESERTO, NA FLORESTA,
NO RIO, NA GELEIRA OU NO PANTANAL!
BOM MESMO É VIVER SEGURO, LIVRE E FELIZ
NO SEU *HABITAT* NATURAL!

CANTEIRO: MÚSICAS PARA BRINCAR, DE MARGARETH DAREZZO.
SÃO PAULO: ÁTICA, 2011.

- CONTORNE NA CANÇÃO AS PALAVRAS QUE RIMAM.

- LIGUE CADA ANIMAL AO SEU *HABITAT*.

O SÍTIO DOS AVÓS DE ANA

MATERIAL DE APOIO

- DE QUEM É ESTE SÍTIO?
- DESTAQUE AS FIGURAS DA **PÁGINA 49** E COLE OS ANIMAIS NA CENA ABAIXO.

ONDE ESTÃO?

- ENCONTRE OS BICHINHOS QUE ESTÃO ESCONDIDOS NO JARDIM DO SÍTIO DOS AVÓS DE ANA.
- FAÇA UM **X** EM CADA UM DELES. QUANTOS SÃO?

— JOANINHA PINTADA,
QUEM FOI QUE TE PINTOU?
QUE TINTA ENCANTADA
SEU PINTOR USOU!

AS PINTAS DA JOANINHA, DE ROSA MARIA FILGUEIRAS VIEIRA. JUIZ DE FORA: FRANCO EDITORA, 2008.

- QUE BICHINHOS SÃO ESSES?
- CONTORNE AS PALAVRAS QUE RIMAM NA QUADRINHA.
- PINTE A CENA.

DEPOIS DE 12 VÊM 13, 14 E 15. VAMOS CONTAR?

ANA QUER CONTAR OS ANIMAIS. VAMOS AJUDÁ-LA?

- CONTE EM VOZ ALTA A QUANTIDADE DE INSETOS QUE HÁ EM CADA GRUPO.
- APONTE PARA CADA INSETO ENQUANTO CONTA.

13 BORBOLETAS
TREZE

14 ABELHAS
CATORZE

15 JOANINHAS
QUINZE

VAMOS CANTAR?

- CANTE ESTA CANÇÃO COM OS COLEGAS.

O ANIMAL DE ESTIMAÇÃO

PODE SER UM PEIXE
QUE NUNCA SAI DO AQUÁRIO
OU UM PAPAGAIO
EXPANDINDO SEU VOCABULÁRIO
[...]
VOCÊ SABE BEM COMO É
[GOSTOSA A SENSAÇÃO
DE TER UM ANIMAL DE ESTIMAÇÃO!
[...]

CRIA: A FAMÍLIA (CD), DE VINÍCIUS CASTRO. 2013.

- CONTORNE NO TEXTO OS NOMES DE ANIMAIS DE ESTIMAÇÃO.

- AGORA, COMPLETE OS NOMES COM AS LETRAS QUE FALTAM.

P			X	

P		P		G			O

- DESENHE NO ESPAÇO A SEGUIR OUTROS ANIMAIS QUE PODEM SER DE ESTIMAÇÃO.

ANIMAL DE ESTIMAÇÃO

SOFIA VAI GANHAR UM ANIMAL DE ESTIMAÇÃO!

AS IMAGENS DESTA PÁGINA NÃO ESTÃO REPRESENTADAS EM PROPORÇÃO.

KATRINA BROWN/SHUTTERSTOCK/ GLOW IMAGES

CALOPSITA

ELYA VATEL/SHUTTERSTOCK

HAMSTER

MARIA SAUH/ SHUTTERSTOCK/ GLOW IMAGES

GATO

JOSHUA LEWIS/SHUTTERSTOCK/ GLOW IMAGES

COELHO

ELENA BLOKHINA/SHUTTERSTOCK/ GLOW IMAGES

PEIXE

MARAZE/SHUTTERSTOCK/ GLOW IMAGES

CACHORRO

- QUE ANIMAL DE ESTIMAÇÃO SOFIA DEVE ESCOLHER? POR QUÊ?
- PINTE OS NOMES DOS ANIMAIS QUE COMEÇAM COM A LETRA **C**.
- ESCREVA AS LETRAS QUE VÊM DEPOIS DA LETRA **C** EM CADA PALAVRA QUE VOCÊ PINTOU.

C	

C	

C	

EU QUERO UM ANIMALZINHO SÓ PARA MIM...

- DESENHE O ANIMAL DE ESTIMAÇÃO QUE VOCÊ TEM OU GOSTARIA DE TER. CONVERSE COM OS COLEGAS SOBRE ELE.

É PRECISO CUIDAR DA NATUREZA

- VEJA AS FOTOS A SEGUIR.

AS IMAGENS DESTA PÁGINA NÃO ESTÃO REPRESENTADAS EM PROPORÇÃO.

VLADIMIR GJORGIEV/SHUTTERSTOCK

BIKERIDERLONDON/SHUTTERSTOCK

DED PIXTO/SHUTTERSTOCK

ELENA YAKUSHEVA/SHUTTERSTOCK

- O QUE VOCÊ VÊ EM CADA UMA DELAS?
- CONVERSE COM OS COLEGAS SOBRE OS PREJUÍZOS QUE AS SITUAÇÕES AQUI APRESENTADAS PODEM OCASIONAR AO PLANETA.

- OUÇA A HISTÓRIA. DEPOIS, DESENHE A CASA DA GALINHA OVOLINA.

SUGESTÃO DE LIVRO

REPRODUÇÃO/ ARQUIVO DA EDITORA

QUERO CASA COM JANELA, DE ELZA CESAR SALLUT. SÃO PAULO: ÁTICA, 2009. (LAGARTA PINTADA).

MATERIAL DE APOIO

ENVELOPE PARA O ALFABETO MÓVEL

DOBRE
B
DOBRE
DOBRE
A
DOBRE

ALFABETO MÓVEL

B	B	B	C	C	C	D
D	D	F	F	F	G	G
G	H	H	H	J	J	J
K	K	K	L	L	L	M

M	M	N	N	N	P	P
P	Q	Q	Q	R	R	R
S	S	S	T	T	T	V
V	V	W	W	W	X	X

X	Y	Y	Y	Z	Z	Z
Ç	Ç	A	A	A	A	Á
Á	Â	Â	Ã	Ã	E	E
E	Ê	Ê	É	É	I	I

I	I	I	Í	Í	O	O
O	Ó	Ó	Ô	Ô	Õ	Õ
U	U	U	Ú	Ú	-	-

ALFABETO

ANA

A A

ABELHA

MARCO ULIANA/ SHUTTERSTOCK

BRUNO

B B

BOLA

AARON AMAT/SHUTTERSTOCK

CAUÃ

C C

COPO

VIPMAN/SHUTTERSTOCK

DIEGO

D D

DADO

ABEL TUMIK/ SHUTTERSTOCK

ELIANA

E E

ESTOJO

VLADVM/SHUTTERSTOCK

FELIPE

F F

FOLHA

FOTOFERMER/SHUTTERSTOCK

GABRIEL

G G

GATA

DEEP OV/SHUTTERSTOCK

HELENA

H H

HAMBÚRGUER

ANDRJUSS/SHUTTERSTOCK/GLOW IMAGES

ÍSIS

I I

IGUANA

ROBERT EASTMAN/SHUTTERSTOCK/GLOW IMAGES

JOÃO

J J

JACARÉ

ROBERT EASTMAN/SHUTTERSTOCK

KÁTIA

K K

KIWI

JULIA IVANTSOVA/SHUTTERSTOCK/GLOW IMAGES

LIA

L L

LIVRO

AARON AMAT/SHUTTERSTOCK/GLOW IMAGES

MANUELA

M M

MAMÃO

CHEVANON/SHUTTERSTOCK/GLOW IMAGES

NATÁLIA

N N

NAVIO

VERESHCHAGIN DMITRY/SHUTTERSTOCK/GLOW IMAGES

OLAVO

O O

OVO

NATTIKA/SHUTTERSTOCK/GLOW IMAGES

PEDRO

P P

PATO

MELINDA FAWVER/SHUTTERSTOCK/GLOW IMAGES

QUIRINO

Q Q

QUIABO

JIANG HONGYAN/SHUTTERSTOCK

RAFAEL

R R

RODA

NIKKYTOK/SHUTTERSTOCK/GLOW IMAGES

SOFIA

S S

SAPATO

PAVEL VAKHRUSHEV/SHUTTERSTOCK

TAÍS

T T

TUCANO

EKATERINA V. BORISOVA/ SHUTTERSTOCK

URIEL

U U

UVA

EKATERINA V. BORISOVA/ SHUTTERSTOCK

VÍTOR

V V

VACA

FCG/SHUTTERSTOCK/ GLOW IMAGES

WILLIAM

W W

WINDSURFE

RICHARD I'ANSON/LONELY PLANET IMAGES/ GETTY IMAGES

XAVIER

X X

XÍCARA

PHOTOBANK.CH/ SHUTTERSTOCK/ GLOW IMAGES

YOLANDA

Y Y

YAKISOBA

SAKARIN SAWASDINAKA/ SHUTTERSTOCK/ GLOW IMAGES

ZACARIAS

Z Z

ZERO

SHUTTERSTOCK/ GLOW IMAGES

MEU NASCIMENTO

CARTEIRINHA PARA A ATIVIDADE DA **PÁGINA 9** DO LIVRO.

FOTO

NOME: ______________________________

____

____

____

DIGITAL

NASCI NO DIA: ______________________________

DO MÊS DE: ______________________________

HORA DO JOGO - JOGO DA TURMA DA LIA

PEÇAS PARA A ATIVIDADE DA **PÁGINA 22** DO LIVRO.

MANUELA

CAUÃ

ANA

SOFIA

BETO

LIA

BRUNO

CAUÃ

SOFIA

LIA

MANUELA

BRUNO

ANA

BETO

LETRAS ENFEITADAS

LETRAS PARA A ATIVIDADE DA **PÁGINA 25** DO LIVRO.

A	B	C	D	E	F
G	H	I	J	K	L
M	N	O	P	Q	R
S	T	U	V	W	X
Y	Z				

MINHA FAMÍLIA E EU

FIGURAS PARA A ATIVIDADE DA **PÁGINA 27** DO LIVRO.

HORA DO JOGO – DOMINÓ DAS PROFISSÕES

CARTELAS PARA A ATIVIDADE DA **PÁGINA 34** DO LIVRO.

AS MORADIAS

IMAGENS PARA A ATIVIDADE DA **PÁGINA 40** DO LIVRO.

FABIO COLOMBINI/ACERVO DO FOTÓGRAFO

QINGQING/SHUTTERSTOCK

EDSON GRANDISOLI/PULSAR IMAGENS

CELSO DINIZ/SHUTTERSTOCK

SANDRA KEMPPAINEN/SHUTTERSTOCK

É IMPORTANTE SE ORGANIZAR

IMAGENS PARA A ATIVIDADE DA **PÁGINA 53** DO LIVRO.

OEZ/SHUTTERSTOCK

YEVGEN GLUKHOV/ SHUTTERSTOCK

KAREN KATRJYAN/SHUTTERSTOCK

MARQUES/SHUTTERSTOCK

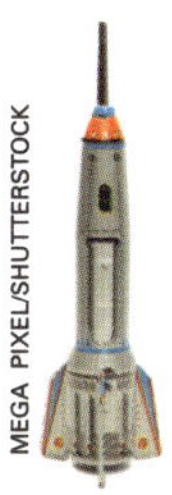

MEGA PIXEL/SHUTTERSTOCK

MARCIN WOS/ SHUTTERSTOCK

MIKHAIL RULKOV/ SHUTTERSTOCK

SATTVA78/ SHUTTERSTOCK

OLEG V. IVANOV/SHUTTERSTOCK

DENIS KOVIN/SHUTTERSTOCK

MÃO NA MASSA!

FIGURAS PARA A ATIVIDADE DA **PÁGINA 59** DO LIVRO.

HORA DA HISTÓRIA - SOPA DE PEDRA

FIGURAS PARA A ATIVIDADE DA **PÁGINA 65** DO LIVRO.

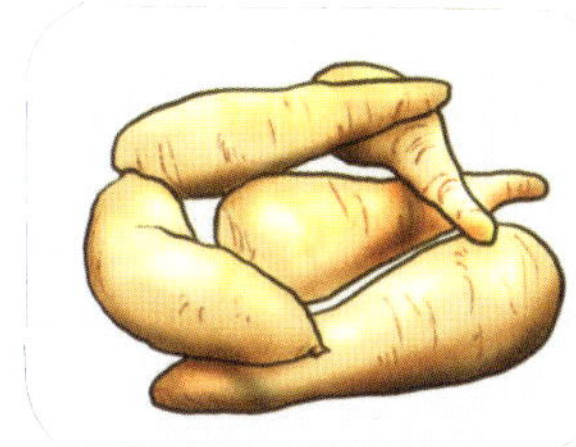

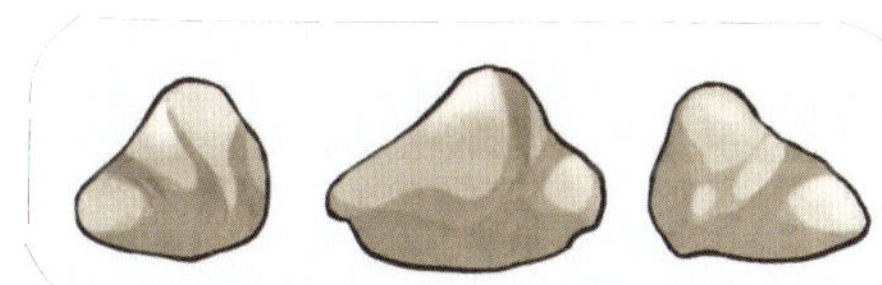

VAMOS BRINCAR?

CENAS PARA A ATIVIDADE DA **PÁGINA 70** DO LIVRO.

HORA DO JOGO - MONTAR PALAVRAS

PEÇAS PARA A ATIVIDADE DA **PÁGINA 71** DO LIVRO.

TAPETE

BOLA

SOPA

BONECA

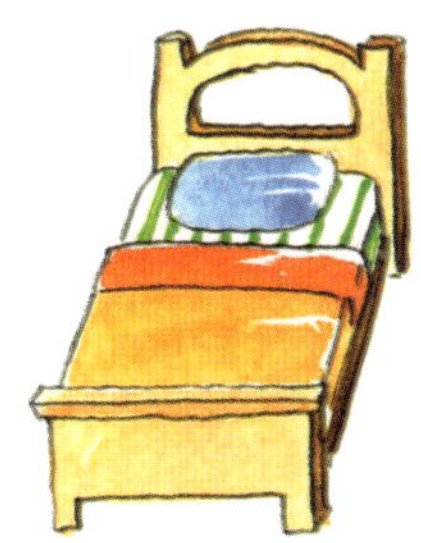

CAMA

BALA

HORA DO JOGO - MONTAR PALAVRAS

PEÇAS PARA A ATIVIDADE DA **PÁGINA 71** DO LIVRO.

T	A	P	E	T	E		
S	O	P	A	B	O	L	A
B	O	N	E	C	A		
C	A	M	A	B	A	L	A

MANHÃ, NOITE

CENAS PARA A ATIVIDADE DA **PÁGINA 75** DO LIVRO.

VAMOS BRINCAR?

FIGURAS PARA A ATIVIDADE DA **PÁGINA 97** DO LIVRO.

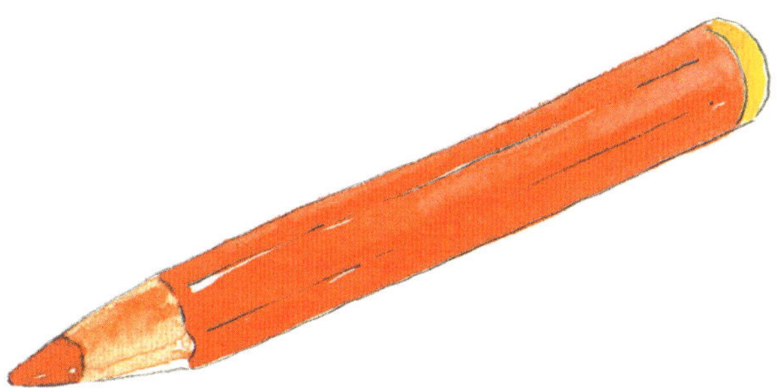

7 (SETE), 8 (OITO) E 9 (NOVE)

FICHAS PARA A ATIVIDADE DA **PÁGINA 98** DO LIVRO.

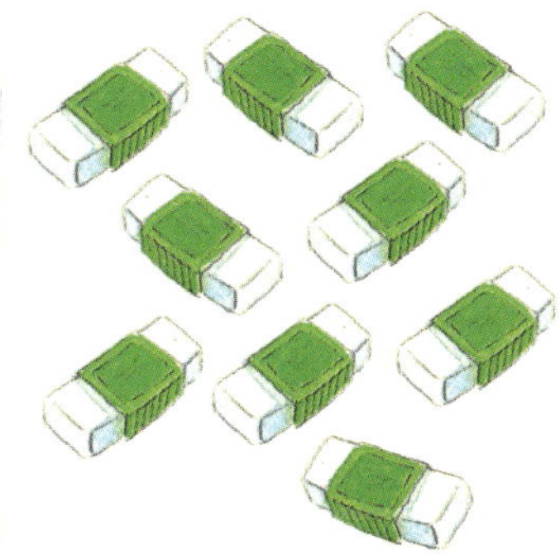

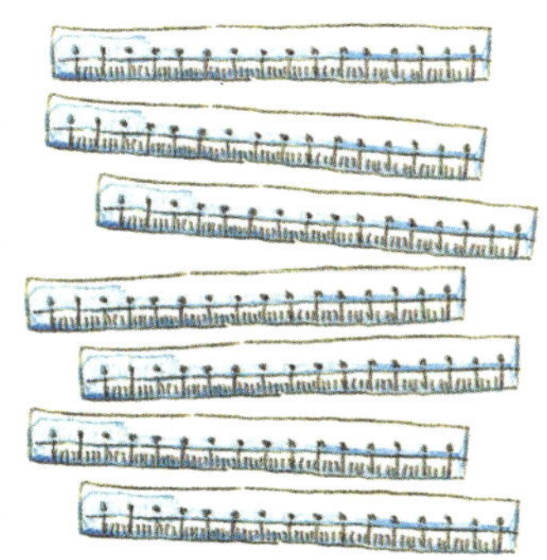

HORA DA HISTÓRIA - BIBI COMPARTILHA SUAS COISAS

CENAS PARA A ATIVIDADE DA **PÁGINA 101** DO LIVRO.

PESSOAS QUE TRABALHAM NA ESCOLA

CENAS PARA A ATIVIDADE DA **PÁGINA 107** DO LIVRO.

ATÉ AMANHÃ!

CENAS PARA A ATIVIDADE DA **PÁGINA 111** DO LIVRO.

HORA DA BRINCADEIRA - CANTE COM ATENÇÃO!

FIGURAS PARA A ATIVIDADE DA **PÁGINA 118** DO LIVRO.

O QUE É ISSO?

PEÇAS PARA A ATIVIDADE DA **PÁGINA 127** DO LIVRO.

AMETHISTA77/SHUTTERSTOCK

HORA DA CURIOSIDADE

FIGURAS PARA A ATIVIDADE DA **PÁGINA 132** DO LIVRO.

O SÍTIO DOS AVÓS DE ANA

FIGURAS PARA A ATIVIDADE DA **PÁGINA 137** DO LIVRO.

O QUE TEM NA FEIRA?

IMAGENS PARA A ATIVIDADE DA **PÁGINA 27** DO CADERNO DE LETRAS E NÚMEROS.

NOMES DIFERENTES... EM DIFERENTES LUGARES

IMAGENS PARA A ATIVIDADE DA **PÁGINA 28** DO CADERNO DE LETRAS E NÚMEROS.

QUANTAS AVES!

IMAGENS PARA A ATIVIDADE DA **PÁGINA 32** DO CADERNO DE LETRAS E NÚMEROS.

FLPA/ALAMY STOCK PHOTO/ LATINSTOCK

PULA-PULA

AKSENOVA NATALYA/ SHUTTERSTOCK

POMBO

AARON AMAT/ SHUTTERSTOCK

PELICANO

AARON AMAT/ SHUTTERSTOCK

PAVÃO

ERIC ISSELEE/ SHUTTERSTOCK

PARDAL

LEKSELE/ SHUTTERSTOCK

PINGUIM

VAMOS CONTAR E COLAR?

FICHAS PARA A ATIVIDADE DA **PÁGINA 45** DO CADERNO DE LETRAS E NÚMEROS.

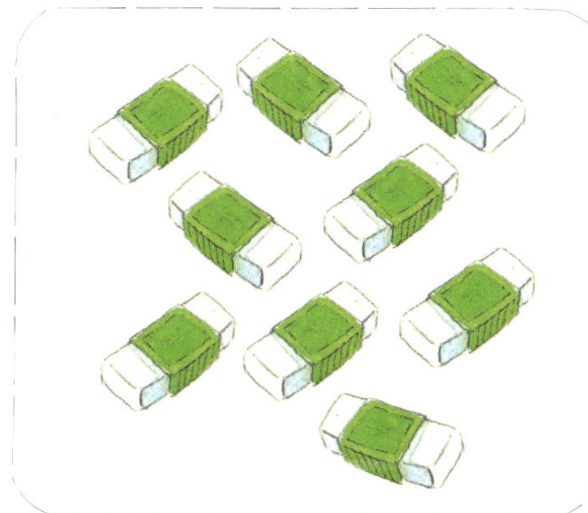

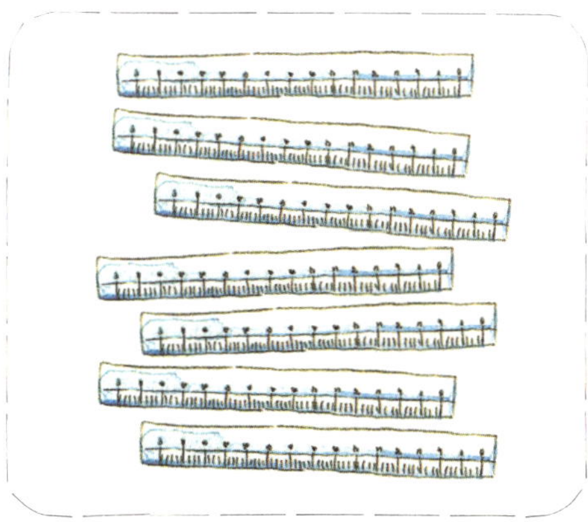

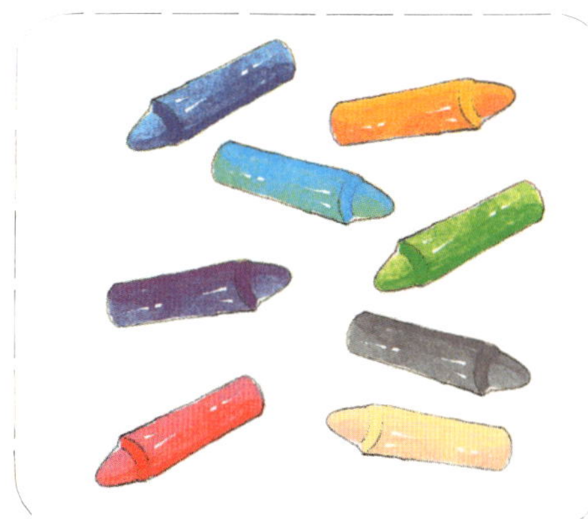

NÚMEROS DE 1 A 20

CARTELAS PARA A ATIVIDADE DA **PÁGINA 60** DO CADERNO DE LETRAS E NÚMEROS.

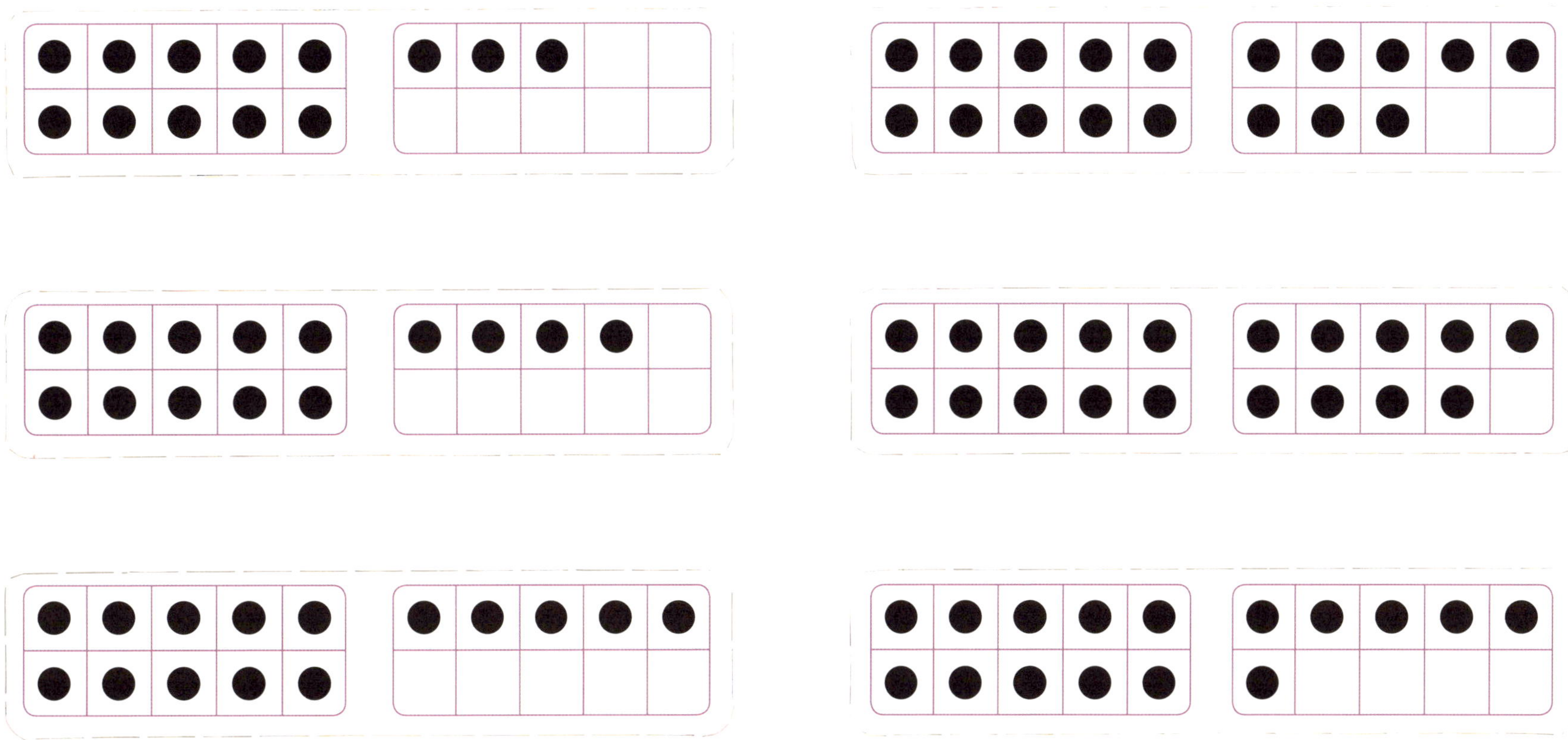